JULIA SCHRAMM

FIFTY SHADES
of
MERKEL

Hoffmann und Campe

1. Auflage 2016
Copyright © 2016 by Hoffmann und Campe Verlag, Hamburg
www.hoca.de
Satz: Dörlemann Satz, Lemförde
Gesetzt aus der Albertina
Druck und Bindung: CPI books GmbH, Leck
Printed in Germany
ISBN 978-3-455-50410-1

HOFFMANN
UND CAMPE

Ein Unternehmen der
GANSKE VERLAGSGRUPPE

INHALT

VORWORT

Angela Merkel ist eine schillernde Persönlichkeit. Ihre größte Stärke ist das leichtfüßige Arrangieren von Widersprüchen. Naturwissenschaftlerin, Frau, kinderlos, in zweiter Ehe verheiratet, nicht sonderlich religiös, führt sie eine christlich-konservative Volkspartei – für Angela Merkel kein Problem. Bei Merkel wirkt es meist überzeugend, wie sie mit inhaltlicher Flexibilität den Widersprüchen einer modernen Gesellschaft beikommt, sie aushält. Deswegen (und nicht zuletzt, weil Merkel noch im Amt ist) verspricht eine streng lineare Abhandlung und Würdigung ihres Lebens und ihres politischen Wirkens nicht zu einem neuen erhellenden Gesamtbild Merkels beizutragen.

Ein Buch, das Merkel gerecht werden will, kann nur fragmentarisch sein; es muss die Widersprüche aufnehmen und darf nicht zwanghaft versuchen, sie aufzulösen. Aus diesem Grund habe ich mich für den Versuch entschieden, Angela Merkel über einen prismatischen Ansatz zu deuten. Das Buch bricht das Licht der Bundeskanzlerin in seine Facetten auf, um so die verborgenen Farben, ihr ganzes Spektrum sichtbar zu machen. Dabei sollen private Anekdoten und Geschichten eine ebenso große Rolle spielen wie größere politische Zusammenhänge und Entwicklungen, einzelne Aspekte politischer Philosophie und Theorie und ein kritischer Blick auf den Zeitgeist.

Der Titel *Fifty Shades of Merkel* ist also alles andere als ein schlichter Kalauer, er ist Formprinzip des Buchs – fünfzig Kapitel, die humoristisch, feuilletonistisch oder analytisch gehalten sind. Die Reihenfolge ist dabei lose chronologisch gewählt. Es geht um Merkels Vergangenheit, ihren Werdegang, aber auch um die Analyse ihrer Machtinstrumente und ihre Weiblichkeit, ohne Anspruch auf Vollständigkeit. Natürlich verweisen viele Sachverhalte auf andere Kapitel. Wo möglich und nötig, stelle ich Verbindungen her, die ein tieferes Verständnis Merkels ermöglichen. Was sagt ihre Geburtsstadt über ihre Politik aus? Welche epochemachenden Stunden verbrachte sie in der Sauna? Was geschah mit denjenigen, die ihre Kanzlerinnenkandidatur 2002 verhinderten? Und was hat das mit Fußball und Richard Wagner zu tun?

Es sind naheliegende, aber auch abseitige Fragen, die einen neuen Blick auf Merkel ermöglichen können. Angela Merkel dominiert das internationale Parkett, hat die CDU wieder zu einer Volkspartei gemacht, wird sogar von Linken gemocht. Wie wurde sie zu einem der mächtigsten Menschen der Welt? Und was unternimmt sie, um es zu bleiben? Merkel bewegt sich zwischen den verschiedensten Sachzwängen wie ein Fisch im Wasser, wirkt pragmatisch, vernünftig, rational und schafft es, ihre politische Agenda immer wieder als alternativlos zu verkaufen. Stets ist sie auf den Kompromiss aus, zu dem alle etwas beitragen müssen. Niemand soll sich als Verlierer_in fühlen.[1] Unnahbar wurde sie genannt, alles perle an ihr ab, Stichwort Teflon. Dabei soll sie im direkten Kontakt sehr witzig sein und, für Politiker_innen eine Seltenheit, zu Selbstironie fähig. Ihr Abwarten und Schweigen ist so beliebt wie gefürchtet und wurde in der Jugendsprache mit der Wortneuschöpfung »merkeln« geadelt, was für »nichts tun/keine Entscheidung treffen« steht.

Als Angela Merkel 1990 in die Politik einstieg, konnte niemand ahnen, dass die ungünstig frisierte, farb- und beinahe profillos wirkende Berufspolitikerin einmal zu einer der schillerndsten Politikerinnen der Welt werden würde. Aber, wie das erfolgreiche Buch von E.L. James, *Fifty Shades of Grey*, noch einmal gezeigt hat: Stille Wasser sind tief. Dementsprechend ergründen die *Fifty Shades of Merkel* die relevantesten Schattierungen und Untiefen der Bundeskanzlerin.

Wer dabei erwartet, dass die Protagonistin in erster Linie Prügel kassiert, wird enttäuscht sein. Parallel zu meinem Schreibprozess erfuhr Merkel im Winter 2015/2016 für ihre Flüchtlingspolitik den wohl stärksten Gegenwind ihrer Kanzlerinnenschaft (interessanterweise in einem Moment, in dem sie ihren typischen

Opportunismus vermissen lässt). Angesichts dessen sind die *Fifty Shades of Merkel* auch ein Stück weit zur Lob- und Verteidigungsschrift geraten. Mit jedem Tag wurden die Angriffe auf Merkel krasser, wütender, bizarrer und vor allem reaktionärer. Die politische Landschaft scheint sich in kurzer Zeit so stark verschoben zu haben, das Bedürfnis nach Komplexitätsreduktion so weit verbreitet zu sein, dass jeder differenzierte Blick auf die Bundeskanzlerin und ihre Entscheidungen automatisch wie eine Parteinahme für sie wirkt. Dennoch bin ich natürlich hart mit ihr ins Gericht gegangen, allerdings nicht so drastisch oder platt, wie das zahllose Internetkommentare gern hätten.

Ich verstehe dieses Buch als politisches Infotainment, und es ist meine persönliche Merkel-Exegese. Auch wenn mein Blick auf Merkel vielleicht in manchen Punkten repräsentativ für Leser_innen meiner Generation ist, so basiert er doch auf meiner individuellen Weltsicht und meinen Erfahrungen. Deswegen sind auch einige meiner Interpretationen und Deutungen bewusst subjektiv gehalten – und immer wieder auch ein wenig spekulativ. Letzteres müssen sie auch sein. Denn Merkel, die Meisterin des Schweigens, erklärt sich nicht selbst. Das überlässt sie gern anderen.

Berlin, im Februar 2016

FASSADE

Heute ist die Fassade des Hauses gelb und grün gestrichen. Recht hübsch verziert steht es am Rande von Templin in der Uckermark, um die Eingangstür ist ein gelber Bogen auf grüner Fläche gemalt. Auf den Bildern, die Boulevardzeitungen drucken, wenn es um das Elternhaus von Angela Merkel geht, scheint immer die Sonne, und die roten Dachziegel leuchten. Es ist ein großes Haus, das im rechten Winkel zum Vorderhaus einen Seitenflügel hat. Es gibt zwei reguläre Stockwerke und eins unter dem spitzen Ziegeldach. Es wurde 1913 als Standort des »Rettungshauses Templin« gebaut, das schon 1854 vom »Verein zur Erziehung sittlich verwahrloster Kinder« gegründet worden war. Von da an hieß die kirchliche Einrichtung Waldhof. Die DDR legte ihn nach ihrer Gründung zunächst still. Horst Kasner, der Vater von Angela Merkel, übernahm schließlich die Leitung und zog mit seiner Familie in das Haus, in dem heute die Stephanus-Stiftung verschiedene Wohn- und Betreuungsangebote für Menschen mit Behinderung unterhält.

Pfarrer Kasner war mit seiner Familie 1954 aus Hamburg in die DDR übergesiedelt, und nach einer kurzen Station in Quitzow bezogen sie 1957 die unterste Wohnung des Waldhofes – der Ort, an dem Vater Kasner fortan seinem pastoralen Idealismus im gottlosen Sozialismus nachgehen sollte. Die Stephanus-Stiftung und die Kirche Brandenburg/Havel beauftragten Kasner, den Waldhof zu einer Weiterbildungsstätte für angehende Theologen aufzubauen. Deswegen wuchs die kleine Angela auch nicht nur mit ihren zwei jüngeren Geschwistern Marcus und Irene auf, sondern auch mit einem Seminar voll angehender Pfarrer und Menschen mit Behinderungen, die ab 1958 auf dem Waldhof lebten und arbeiteten. Zu dieser Zeit war der Waldhof – ganz im Gegensatz zu heute – eine halbe Ruine inmitten des brandenburgischen Nirgendwo. Eine Herausforderung für die Kasners.

Vom Inneren des Hauses, in dem Angela bis zum Abitur lebte, gibt es in den Zeitungen keine Bilder. Keine Bilder vom ehemaligen Kinderzimmer oder der Dachwohnung, die sie im Teenageralter bezog. Nicht mal den Weg, den sie als Jugendliche zur Schule fuhr, haben findige Journalist_innen ausgemacht – zumindest nicht dokumentiert. Nur von der Fassade, die zu DDR-Zeiten bestimmt nicht so schön grün und gelb war, sondern wahrscheinlich grau, gibt es wenige Bilder. Die Fassade muss reichen.

Im Erdgeschoss des Hauses lebte die Familie Kasner zunächst in einer schwierigen Situation. Die

Staatssicherheit muss äußerst skeptisch gewesen sein – ein Pfarrer, der die Kirche im Sozialismus aufzubauen gedachte? Und dann auch noch ein Übersiedler? Anwerbeversuche und Überwachung dürften dazu geführt haben, dass Besuche der Stasi auf dem Waldhof und im Wohnzimmer der Familie Kasner regelmäßig stattfanden, auch wenn vonseiten der Familie nicht darüber gesprochen wird.

Angela Merkel sagte in einem Interview mit Anne Will auf die Frage, inwiefern ihre Kindheit in der DDR sie kommunikativ vorsichtig habe werden lassen: »Sicherlich hat die Kindheit und dann das Leben bis zum 34. Lebensjahr in der DDR da Dinge geprägt. Weil Reden über bestimmte Dinge und in bestimmten Situationen lebensgefährlich oder zumindest existenzverändernd war.«[2]

Man kann also davon ausgehen, dass die junge Angela in der jungen DDR früh lernte, was angemessen ist, wann lieber geschwiegen werden sollte – und dass Fehler fatale Folgen haben können. Zumindest war es sicher heikel, bis Pfarrer Kasner als systemtreu identifiziert wurde und am Weißenseer Arbeitskreis teilnahm, einer von der SED geförderten evangelischen Theologengruppe. Der Aufbau einer Fassade war die logische Konsequenz.

Mit der Einschulung im Jahr des Mauerbaus 1961 intensivierte sich der Fassadenbau. Als Pfarrerstochter wurde die strebsame Angela schon früh damit konfrontiert, dass Leistung nicht ausreichte – ihre fehlende Mitgliedschaft bei den Jungen Pionieren versagte ihr die Auszeichnung als zertifizierte Streberin. Ein herber Rückschlag, der dazu führte, dass sie ihren pastoralen Hintergrund ein wenig zu verschleiern suchte. So sprach sie, wenn sie in der Schule gefragt wurde, den Beruf ihres Vaters stets etwas leise und ungenau aus, sodass Menschen auch »Fahrer« statt »Pfarrer« verstehen konnten.[3] Sie trat den einschlägigen Verbänden bei, wurde Mitglied bei der Pionierorganisation Ernst Thälmann – was ihrem Ehrgeiz mehr Freiraum ermöglichte. Nur die Jugendweihe, den Schwur auf das »sozialistische Vaterland«, die machte sie nicht mit und wurde stattdessen konfirmiert. Warum? Vielleicht beugte sie sich dem Vater, vielleicht fand sie die Jugendweihe komisch, vielleicht glaubte sie auch an die kirchliche Segenshandlung. Ihr Interesse an den theologischen Schülern ihres Vaters hielt sich jedenfalls genauso in Grenzen wie ihr Interesse am nationalstaatlich interpretierten Marxismus-Leninismus. Wie auch generell am Marxismus. Mathematik interessierte sie viel mehr.

Ansonsten war »nicht auffallen« die Devise. Bloß nicht auffallen. Grau, dazwischen stehen, durchkommen. Eine schillernde Fassade konnte da nur hinderlich sein. Ihre Fassade der Staatstreue musste sie gegen den Efeubewuchs des Pfarrervaters schützen: nicht negativ in Erscheinung treten, nicht provozieren, sondern brav und fleißig sein. Und die bürgerliche Fassade, die ihr qua Familie mitgegeben worden war, durfte ebenfalls nicht durchscheinen. Denn die DDR, wie auch der gesamte Ostblock, hatte sich im Kampf gegen den Kapitalismus auch dem Kampf gegen die bourgeoise Fassade verpflichtet. Gegen die Pfaffen. Gegen die bürgerliche Literatur und Kultur.

Ein wesentlicher Teil marxistischer Theorie ist die Auseinandersetzung mit dieser bürgerlichen Fassade und deren Bedeutung im unausweichlichen Klassenkampf. Bei Marx heißt es »das falsche Bewusstsein«, und auch Bertolt Brecht spielt in seinen Werken mit der Frage nach der der bürgerlichen Fassade, entlarvt den Schaden, den sie anrichtet, wie zum Beispiel in dem Stück *Die Kleinbürgerhochzeit*. Walter Benjamin, dessen Schwägerin als Justizministerin in der Regierung der DDR saß, zieht aus der Existenz der bürgerlichen Fassade als Machtinstrument die Konsequenz, dass es kommunistische Kunst geben muss, die eine Alternative zur bürgerlichen Fassade bietet. Die DDR versuchte sich entsprechend am sozialistischen Fassadenbau, errichtete Prachtbauten, polierte die Missstände und feierte Paraden. Die Karl-Marx-Allee ist eines dieser sozialistischen Ensembles, die ein neues Bewusstsein schaffen sollten. Aber in diesem staatlich verordneten Klassenkampf mussten viele DDR-Bürger wiederum eine Fassade errichten, um den Alltag in der DDR meistern zu können.

Fassaden sind ein notwendiger Teil der menschlichen Existenz, sie sind die Außenansicht der Rollen, die wir täglich zu spielen haben. Jeder und jede hat eine Fassade – die interessante Frage ist: Wie ist die Fassade beschaffen? Angela Merkels Fassade besteht aus vielen kleinen Mosaiksteinchen, von denen manche ganz selten funkeln, manche sorgsam versteckt sind und wieder andere sich im Zwielicht nicht so gut erkennen lassen. Viele Mosaiksteinchen hat sie sich nicht selbst ausgesucht, einige hingen eines Tages einfach an ihr dran. Als sie zum Beispiel plötzlich Spitzenpolitikerin wurde. Manche Mosaiksteinchen hat sie auch geschenkt bekommen, viele waren einfach schon immer da: das großbürgerliche Antlitz der Hamburger Familie, der Pfarrersvater. Andere Mosaiksteinchen hat sie sich hart erarbeitet: die Streberin, die vorbildliche Schülerin, die knallharte Politikerin. Angela Merkel hat ihre Mosaiksteinchen gut im Griff, sie weiß, wann eins lose ist, wann sie gesäubert werden müssen, wie und welche Steinchen immer und immer wieder klappern. Manchmal zieht der Wind, und ein Mosaikteilchen fällt ab, manchmal leiden sie unter Schneefall. Meistens ist Merkels Fassade unscheinbar wie der Stein am Wegesrand. Unauffällig, langweilig.

Merkels Leben, ihre Stationen und Entscheidungen, ja ihre Mosaiksteinchen sind sehr leicht nachvollziehbar – in Büchern, im Internet, in Interviews. Trotzdem wissen die meisten Menschen nichts bis wenig über sie.

Das liegt vor allem daran, dass Merkel all diese Informationen zu ihrer Person nicht kommentiert, wertet und ordnet. So sehen die Menschen die Mosaiksteinchen zwar, aber vergessen sie schnell wieder, sind beruhigt vom wohligen Grau, das sich über das Ganze zieht. Ein Grau, das keinen Neid und keine Missgunst provoziert, keine Aufregung. Nicht auffallen. Für Merkel bedeutet das, dass sie hinter ihrer Fassade der langweiligen, drögen Frau, mit der niemand tauschen möchte, die vielleicht mächtigste Frau der Welt sein kann.

HAMBURG

Der 17. Juli 1954 war in Hamburg ein sonnenloser, regenreicher, kalter Tag. Ein Samstag. Der Luftdruck war an diesem Tag sehr niedrig. Zumindest sagt das die Wetterstation Hamburg-Eimsbüttel und bestätigt damit das Klischee vom Hamburger Wetter. Herlind Kasner bringt an diesem Sommertag ihre erste Tochter Angela Dorothea im Hamburger Stadtteil Barmbek-Nord zur Welt. Über die Geburt ist nicht viel bekannt, ebenso wenig wie über das Leben der Familie Kasner in Hamburg. Die Eltern hatten sich während des Studiums kennengelernt, kurz nach der Geburt ging es in die DDR. Die Familie mütterlicherseits lebte weiterhin in Hamburg und kam in den folgenden Jahren nicht nur zu Besuchen in die Uckermark, sondern schickte auch Pakete. Sie habe nie wirklich DDR-Kleidung getragen, wird Merkel gerne zitiert.

Hamburg spielt in Merkels Leben eine große Rolle. Hamburg steht bei ihr stellvertretend für den Westen an sich. Nicht nur machte Merkel zahlreiche Westreisen nach Hamburg und verbrachte kurz vor dem

Mauerbau mit der Großmutter aus Hamburg noch einen Urlaub in Bayern. Aus Hamburg kamen all die westlichen Konsumgüter, die das Leben der Pfarrersfamilie in der DDR komfortabler gestalteten.

Hamburg, die großbürgerliche Hafenstadt, ist voller Tradition, geprägt von hanseatischem Stolz, ihre Bewohner gelten zugleich als unterkühlt, distanziert, leise, vornehm, ohne machiavellistischen Machtinstinkt. »Hanseatisches Patriziertum« nannte es *Die Welt* einmal.[4] Merkel entspricht dem natürlich nicht ganz – Kanzlerin zu werden ohne Spuren von machiavellistischem Machtinstinkt ist nicht wahrscheinlich. Jedoch: Die hanseatische Gelassenheit, die mit einem gewissen Pragmatismus einhergeht, trifft auf Merkel durchaus zu. Überhaupt wirkt sie oft wie eine SPDlerin Helmut Schmidt'scher Prägung – ist Merkel nicht die Verkörperung visionsloser Politik schlechthin? Einer Politik, die Entscheidungen am Moment ausrichtet? Dass Politik schwer ohne Visionen zu machen ist und Schmidt damals polemisierte, steht wohl außer Frage. Dennoch pflegt Merkel das, was Schmidt unter einem soliden und vernunftorientierten Politikstil verstanden wissen wollte. Verantwortungsethik, wie es bei Max Weber heißt. Dass Schmidt immer wieder Merkels Entscheidungen gesinnungsethisch kritisierte (beispielsweise geißelte er die Euro-Politik 2012 als »nationalegoistisch«), ist nicht ohne Ironie: Eine visionslose Technokratin, die im Zweifel die EU für Deutschland opfert, wollte Schmidt wohl nie herbeibeschwören.

Da passt es, dass Merkel im Laufe der Amtszeiten zunehmend Eigenwilligkeit und auch Haltung zeigte, weswegen der beliebteste Altkanzler aller Zeiten sie für ihr umsichtiges Vorgehen während der Griechenlandkrise 2015 loben konnte. Aber nicht nur das hanseatische Gemüt wird bei Merkel Sympathien für den Führungsstil der Hamburger SPD-Ikone geweckt haben. Auch die Bilder von Schmidt während der Sturmflutkatastrophe 1962 in Hamburg dürften auf die junge Angela Eindruck gemacht haben. Schmidt inszenierte sich gekonnt als Retter, der mit klarem Kopf und einem Höchstmaß an Verantwortung das Unglück managt, und etablierte damit die Funktionalisierung von Katastrophen im medialen Politikkampf in Deutschland. Hauptsache pragmatisch.

Ähnliches gilt auch für das Schmieden von Koalitionen. Eine wegweisende Koalition, deren Tragweite vermutlich in Zukunft noch deutlicher werden wird, begann in Hamburg. Im Jahr 2008 bildete sich dort die erste schwarz-grüne Koalition. Hamburg war dafür gut geeignet, das Bürgertum liberal, weltoffen und doch konservativ, die Revoluzzer_innen der Grün-Alternativen Liste in die Jahre gekommen, die linken Bürgerschrecke in der Roten Flora eingehegt. In Hamburg zeigen sich die mentalen Überschneidungen von hanseatischem Geldadel und Bionade-Biedermeier: ein neuer Konservatismus, befreit von der niederen, irrationalen Feindbildpflege, wie beispielsweise Homosexuellenhass. Ole von Beust, seit 2001 dank wechselhafter wie dubioser Koalitionsbündnisse Erster Bürgermeister Hamburgs, war der Prototyp der neuen CDU unter Merkel. Dass die Koalition nach seinem Rücktritt 2010 zerbrach, war ebenso plausibel wie die Tatsache, dass Merkel eine Koalition auf Bundesebene nach der Hamburger Entscheidung 2008 konsequent ausschloss: Das neue ökologisch bewusste, ökumenische Die-Rente-ist-halbwegs-sicher-und-wir-ach-so-postmaterialistisch-Bürgertum war noch zu fragil. Dennoch könnte Hamburg eine Blaupause dafür sein, wie sich das deutsche Bürgertum künftig auch nach außen sichtbar entwickelt und wie es schon heute im Kern beschaffen ist.

Das Bürgertum der Hansestadt ist seinem Selbstbild nach traditionsreich, weltoffen, tolerant. Eigenschaften, die auch Merkel zugeschrieben werden. Gleichzeitig zeigen sich Ignoranz, Überheblichkeit und eine nicht unerhebliche Menschenverachtung, getarnt als vornehme Zurückhaltung. Das Hamburger Bürgertum hat das in jüngster Zeit bei der Debatte um das Schulsystem gezeigt, in deren Verlauf erschreckende Ressentiments zutage kamen: Standesdünkel kombiniert mit Naserümpfern, die selbst Toni Buddenbrook wie eine Bauerntochter erscheinen lassen. Der bürgerliche Anstand verdeckt die wahren Zustände, die

Unbarmherzigkeit der Politik. Die Grünen scheinen sich damit mittlerweile arrangiert zu haben. Merkel auch. Hamburg repräsentiert deswegen auch die dunkle Seite der Macht. Und der Raute. Vielleicht redet Merkel deswegen fast nie über die Stadt, in der sie geboren wurde.

MUTTI

Die Volkshochschule Uckermark hat ihre Räumlich-
keiten im Hinterhof des Oberstufenzentrums Templin.
Die Gänge sind ein wenig kahl. Das Licht der Neon-
röhren ist steril. Templin ist ein kleiner, ein pittoresker
Ort in der Uckermark, zwischen ein paar Seen und
einem Naturschutzgebiet. Gegenüber der VHS sind
ein Edeka und ein kleiner Blumenladen, der bald geschlossen wird. Hier unterrichtet Herlind Kasner Englisch. Konversation und B1 – also für Fortgeschrittene.
Für ihre Tätigkeit hat sie einen Preis bekommen, und
zwar in der Kategorie »Dozentin aus Leidenschaft –
Leben für die Weiterbildung«. Seit vielen Jahren unterrichtet sie an der VHS. Es macht ihr Spaß, so sagt
sie es zumindest den wenigen Journalist_innen, deren
Fragen sie nicht blödsinnig findet und die sie dann mit
einem scharfen Blick und Schweigen bedenkt.

Es standen schon viele Journalist_innen vor der Tür
zum Unterricht, wollten Interviews mit ihr über ihre
Tochter führen, einmal schlich sich sogar einer in den
Kurs, gab vor, ein regulärer Teilnehmer zu sein. Die
Eindringlinge begründen das gerne damit, dass die

Mutter der Kanzlerin eine Figur des öffentlichen Interesses sei. Herlind Kasner sieht das anders. Sie zieht Grenzen, sie weiß, was sie will und was nicht. Sie ist eine konsequente, eine herzliche Frau. Sie fordert, bleibt aber fair. Sie sagte einmal, als sie nach ihrer berühmten Tochter gefragt wurde: »Mit Stolz kann ich nichts anfangen, das ist keine Kategorie, in der mein Mann und ich denken.«[5]

1928 wurde sie in Gdańsk geboren. Die Familie Jentzsch, so der Geburtsname Herlind Kasners, zog 1936 nach Hamburg, wo Merkels Mutter auch Latein und Englisch auf Lehramt studierte. Eine Lehrerfamilie – der Großvater war Schuldirektor. Und später Senator. Eine bürgerliche Familie, eine gebildete Familie, eine politische Familie. Die Uckermark, wohin sie 1954 mit ihrem Mann zog, war verglichen mit Hamburg der Rand der Zivilisation, wo sie aus der Not heraus lernen musste, Brennnesselsuppe zu machen. Herlind Kasner stellte ihre eigene berufliche Karriere hinter die ihres Mannes, unterrichtete jedoch, wo sie konnte: »Prozentrechnung, Rechtschreibung, Christenlehre.«[6] Sie zog die drei Kinder groß, verbrachte den Großteil ihrer Zeit mit ihnen. Angela Merkel spricht stets sehr liebe- und respektvoll über ihre Mutter. Diese habe, so der einhellige Befund aller, die über Angela Merkels Kindheit schreiben, immer großen Wert auf die Bildung ihrer Kinder gelegt und ihren Kindern früh vermittelt, dass sie hart arbeiten müssten, dass sie als Pfarrerskinder keine

Fehler machen dürften, dass ihnen jeder Fehler vorgehalten würde, mehr als anderen Kindern. Als Kindern aus systemtreueren Familien. Angela Merkel erzählt gerne, dass sie sich jeden Tag mit ihrer Mutter besprach, Freude und Ärger kanalisieren konnte. Vielleicht war es eine Vorsichtsmaßnahme, vielleicht einfach eine liebevolle Erziehungsmaßnahme, vielleicht beides.

Für Herlind Kasner ist Ehrlichkeit zentral, sie mag es nicht, wenn herumlaviert, am Punkt vorbeigeredet wird. Sie fordert dann Präzision und Klarheit ein. Wahrscheinlich ist sie deswegen auch immer noch Lehrerin, aber nicht mehr Mitglied der SPD, für die sie mal im Kreistag saß. Nach der Wende. Über ihre Motivation, sich politisch zu engagieren, ist genauso wenig bekannt wie über ihre politische Arbeit. Sie redet nicht darüber. Deswegen bleibt es spekulativ, was sie bewog, ein politisches Mandat zu übernehmen. Wahrscheinlich wollte sie Verantwortung in dem neuen Kapitel deutscher Geschichte übernehmen, vielleicht wurde sie auch gefragt, aufgefordert. Jedenfalls ist sie bis heute jemand, der sich einmischen will und das auch tut. Nur wenn es um ihre Tochter geht, will sie sich nicht einmischen, will sich raushalten, findet Fragen nach ihr aufdringlich und unangebracht. Sie will nicht dazu beitragen, dass die Medien sich wieder ein falsches Bild von ihrer Tochter machen. Deswegen schweigt sie, gibt keine Interviews, spielt höchstens ihre eigene Bedeutung ein wenig herunter.

Merkels Vater Horst, 2011 verstorben, hat einen festen Platz in den biographischen Analysen Angela Merkels. Ihre Mutter nicht. Herlind Kasner mag das recht sein, für das Verständnis der Politikerin Merkel ist es geradezu fahrlässig.

Der Fokus auf den Vater mag der Vorstellung entspringen, dass die politischen Ambitionen einer Frau eigentlich nur im Zusammenspiel mit einem Mann gedacht werden können. Dabei ist die Rolle der Mutter essenziell, insbesondere da Herlind Kasner den Großteil der Erziehung übernommen hat. Angela Merkel ist ihrer Mutter wie aus dem Gesicht geschnitten, auch wenn diese ein wenig zierlicher ist als ihre Tochter. Aber die konsequente, fordernde Haltung, der bürgerliche Habitus und der Wille, nicht klein beizugeben – das scheint Merkel von ihrer Mutter zu haben.

»Ich habe in kurzer Zeit begriffen, warum sie die Mutter ist und was sie an die Tochter weitergegeben hat«, sagte Rita Süßmuth, nachdem sie 2008 die Laudatio auf Herlind Kasner bei der Ernennung zum »Vorbild der Weiterbildung« gehalten hatte.[7] Wer sehen will, welche Rolle Herlind Kasner im Mythos Merkel spielt, kann es sehen.

Auch lässt sich vermuten, dass Merkel am Lebensweg ihrer Mutter ablesen konnte, dass große Karrieren für Frauen immer mit Abstrichen verbunden sind. Es sei für ihre Mutter schwer gewesen, ihrem Vater in die DDR zu folgen. So wird sie zumindest zitiert.[8]

Merkel hat hautnah erlebt, dass Frauen sich zwischen einer eigenen Karriere und Kindern entscheiden müssen. Dass Merkel nun kinderlos zur »Mutti der Nation« aufgestiegen ist, hat entsprechend eine gewisse Ironie.

Mutti, dieser Inbegriff (ost-)deutscher Kinderliebe, wurde zunächst als abwertender Begriff für Merkel genutzt – als wären die Fähigkeiten einer liebenden Mutter etwas Anrüchiges, etwas, das in der Politik nichts verloren hat, etwas Schwaches und Leidliches, ja Ehrenrühriges. Mittlerweile hat sich Merkels Politikstil insoweit bewährt, als aus dem herablassenden Unterton, der bei »Mutti« gerne mitschwang, ein ehrfürchtiger wurde. Mutti, die Strenge, die Klare, die Fordernde, diejenige, die von ihren Kindern mehr erwartet als von allen anderen, die aber auch im Zweifel ihre Meinung ändert, wenn es dem missratenen Nachwuchs guttut. Mutti zeigt Nachsicht, wenn es sein muss, geht auf die Ängste und Sorgen ihrer Schutzbefohlenen ein. Und manchmal wagen die Heranwachsenden dann auch den Aufstand, rebellieren, sind wütend und enttäuscht von Mutti.

Die Bezichung zwischen Herrschenden und Beherrschten mit einem Eltern-Kind-Verhältnis zu umschreiben hat in den unterschiedlichsten politischen Systemen eine lange Tradition, in die sich Merkel tadellos einreiht. Ministerpräsident_innen werden Landesvater oder -mutter genannt, und in Russland hieß es stets »Väterchen Stalin«.

Weil Merkel es schafft, dieser Tradition etwas ganz Eigenes zu geben, etwas Persönliches, ist sie so erfolgreich. Auch wenn sie das selbst weder so sehen noch sagen würde. Oder wie Herlind Kasner bei der Preisverleihung zu einer Journalistin sagte: »Das über mich ist doch nicht interessant.«[9] Und es klingt beinahe wie etwas, was ihre Tochter in einem Interview sagen würde.

WESTEN

Einmal wünschte sich Angela Merkel eine gelbe Bluse. Da es sie in der DDR nicht gab – wir erinnern uns: keine Bananen, keine gelben Blusen –, fragte sie bei ihrer Tante in Hamburg nach, ob sie ihr eine besorgen könne. Die Tante antwortete zur Überraschung Merkels mit Nein, da gelbe Blusen derzeit nicht in Mode seien. Weder im Osten noch im Westen gab es also nun diese gelbe Bluse, die Merkel gerne gehabt hätte – die vermeintliche Überlegenheit des Westens scheiterte an den modischen Träumen einer Jugendlichen. Im ersten Moment, so erzählte Merkel es später der *Bild*, konnte sie das nicht glauben. Der Westen, da gab es schließlich immer alles, da waren die Beatles und die Freiheit, da kamen die Jeans her! Wieso gab es diese gelbe Bluse auch da nicht? Doch trotz dieser Enttäuschung – Angela Merkels Liebe für den Westen war und ist ungebrochen.

Dabei liebt sie nicht den real existierenden Westen, sondern in erster Linie die Idee des Westens. Aufgewachsen im bemüht nichtkapitalistischen Osten, blickte sie stets mit Sehnsucht auf das Land hinter dem Eisernen Vorhang. Sie war stolz darauf, im Westen geboren zu sein. Sie nannte in einem Interview die DDR eine »manchmal verkommene und verkorkste Gesellschaft«[10], und sie war ein wenig wütend auf die Achtundsechziger im Westen. Sie konnte und wollte nicht verstehen, warum diese Jugend rebellierte angesichts der Freiheiten, die Merkel im Westen vermutete. Stolz erzählt sie bis heute, dass sie immer Jeans aus dem Westen tragen konnte. Der Westen war immer ihr Ideal, das, was Merkel glaubte, wie Gesellschaft eigentlich sein sollte, das, was sie glaubte, was richtig sei. Dennoch freute sie sich darüber, dass es den Jugendlichen im Westen ähnlich wie ihr selbst erging[11] – das gab ihrem eigenen Leben eine beruhigende Normalität.

Der Westen war der Gegenentwurf zu ihrer eigenen Realität im eng begrenzten Staatssozialismus. Egal wie sehr Merkel sich auch anstrengte, welche Leistungen sie erzielte – solange sie nicht auf Parteilinie war, musste sie sich einschränken, verstellen, verstecken. Die Grenzen, die ihr die DDR setzte, waren ihr zu eng. Wissenschaftlich, persönlich, menschlich. Der Westen dagegen versprach ihr, die sie sich über Leistung und über Strebsamkeit definierte, ein freieres Leben. Frei heißt hier natürlich in den Grenzen ökonomischer Zwänge, die für Merkel aber keine große Relevanz hatten und haben. Als Kanzlerin erst recht nicht. Schon in der DDR gehörte sie zu der privilegierteren

Schicht, war als promovierte Physikerin in einem theo-
retisch-wissenschaftlichen Bereich tätig und befand
sich damit in einer gewissen Distanz zum Alltag der
meisten DDR-Bürger_innen. Ihre Sehnsucht nach
dem Westen zeigt vor allem, dass ihre Ambitionen
weit über das Übliche hinausgingen. Man könnte es
auch Jammern auf ziemlich hohem Niveau nennen.

Im Westen lagen und liegen ihre Werte, ihr grund-
sätzliches moralisches Gerüst: Freiheit, Gleichheit,
Wohlstand, Gerechtigkeit, Frieden, Marktwirtschaft,
Leistung, Toleranz. Sie glaubt bis heute so sehr an den
Zauber dieser Werte, dass es ansteckend wirkt, seltsam mitreißend. Ihr Glaube verleiht eine Hoffnung,
die schon lange nicht mehr gewagt wurde, eine Hoffnung auf eine Welt, deren Werte schon so oft verraten
wurden. Unabhängig davon, ob der Westen nun tot-
gesagt wird oder nicht, Merkel lässt ihn nicht sterben.

Deswegen kämpft sie gegen ein Europa der Abschot-
tung, gegen ein Europa der vereinzelten Nationalstaaten – zumindest auf dem Papier, in der Symbolik. Ihr
Pragmatismus lässt sie immer wieder in den konkre-
ten Fragen das Ideal des freien, des offenen Westens
verraten. Aber in der Symbolik bleibt sie hart – die
Menschen flüchten in den Westen? Natürlich tun sie
das. Wenn das irgendjemand verstehen kann, dann
Merkel, die schon in jungen Jahren immer wieder die
Flucht in den Westen in Betracht zog, die ihren Eltern
nicht versprechen wollte, keine Republikflucht zu

begehen.[12] Die Menschen sehnen sich in erster Linie nach der Freiheit im Westen, zumindest ist das Merkels Erklärungsmuster, das sich mit ihrer Biographie deckt. Es ist für sie kein Problem ihres westlichen Universalismus und kein Angriff auf die damit verbundenen Werte, wenn Flüchtlinge abgeschoben werden. Menschen aber generell und vorab jede Chance zu verwehren, Teil dieser »freien Welt« zu werden, schon. Sie hängt an dem Versprechen, dem sie selbst verfallen ist, dem sie selbst nachging und dessen Form sie als Politikerin in den letzten Jahrzehnten selbst mitgestaltet hat. Vielleicht hat sie deswegen auch die Banken während der großen Finanzkrise zwischen 2008 und 2011 gerettet – den Motor der westlichen Welt, die so bleiben soll, wie sie ist. Die so bleiben muss. Alleine schon für Merkels inneren Frieden.

Im Zuge der immer weiter zunehmenden Flüchtlingsströme nun hat Merkel 2015 das vorbehaltlose Bekenntnis zu den Idealen ihres Westens erneuert. Entgegen der Parteimeinung, entgegen dem, was große Teile der Bevölkerung bereit sind zu unterstützen. Es ist also gar keine Umkehr, keine neue Seite Merkels, wenn sie sich gegen streng bewachte Grenzzäune ausspricht, wenn sie die Flüchtlinge willkommen heißt und wenn sie erwartet, dass dies auch alle anderen tun. Ein wenig Fassungslosigkeit ist ihr deshalb auch anzumerken, wenn sie auf dem CSU-Parteitag im Winter 2015 die Parteikolleg_innen erinnern musste, wofür sie eigentlich stehen, welche Werte sie mal zu vertreten gedachten – und daran, dass ihre eigene Biographie nicht ohne diese Werte möglich gewesen wäre.

Merkel ist die Anwältin des Westens, die an die Unschuld ihres Klienten glaubt, wie dieser es selbst schon lange nicht mehr tut. Sie steht für das Ende der Geschichte und ist eine Ikone für Werte geworden, von denen keiner mehr reden will, nicht mehr geredet werden kann. Sie steht für den Triumph des Westens über den Osten. Das Gewinnen des Liberalismus. Für einen Westen, der in Bigotterie und Widersprüchlichkeiten versinkt, der die Armen und Kranken aussortiert, dessen Optimierungswahn in Kombination mit Gier und Verschwendungssucht einiger weniger letztlich alle unglücklich werden lässt. Merkel sieht über diese Widersprüchlichkeiten hinweg, verteidigt die Werte und die Marktwirtschaft ohne jeden Zynismus. Die Momente, in denen sie vom Westen und seinen Werte spricht, sind vielleicht ihre ehrlichsten. Sie glaubt an den Westen, wie es nur jemand tun kann, der nicht in ihm aufgewachsen ist.

Ob sie mittlerweile eine gelbe Bluse im Schrank hat? Das ist nicht bekannt.

SUPERMARKT

In der Woche nach dem Fall der Mauer strömten die Menschen aus dem Osten in die Supermärkte. Viele Läden hatten täglich bis Mitternacht geöffnet. Das Einräumen von Waren gestaltete sich schwierig, die Schlangen waren lang, Stammkund_innen hielten sich zurück. »Da gab es kein Drängeln, kein Meckern, während sie in der Schlange standen. Die waren das offenbar gewohnt«, wird Manfred Hartwig zitiert, der damals in einer kleinen Stadt nahe Fulda Filialleiter eines Supermarktes war.[13] Das Begrüßungsgeld von 100 DM wurde vielfach in die »Traumhäuser des Kollektivs« (Walter Benjamin) getragen. Die Traumhäuser des westlichen, des kapitalistischen, des bürgerlichen Kollektivs. Der Supermarkt, könnte man sagen, steht in der westlich-modernen Kultur für den universalen Anspruch der Chancengleichheit aller Menschen, für Vielfalt, Überfluss, für die Versprechen und die Sicherheit der Marktwirtschaft – ewige Verfügbarkeit.

Als Angela Merkel im Oktober 2014 mit dem chinesischen Ministerpräsidenten Li Keqiang zwischen zwei Terminen in den leicht gammelig anmutenden

Supermarkt Ullrich in Berlin-Mitte geht,[14] ist es mehr als nur ein Demonstrieren von Bodenständigkeit. Es ist eine Demonstration westlicher Überlegenheit. Wenn die Supermärkte gut bestückt sind, dann geht es dem Land gut.

»Wenn wir Supermärkte imaginieren, dann drängen sich Darstellungen auf, welche die Maßlosigkeit vorführen, in ihrem Rücken aber auch den Schrecken totaler Leere evozieren«, heißt es bei Heinz Drügh.[15] Diese totale Leere wurde eines der Symbole für die DDR – unabhängig von Konsum und den Intershops. Die Bundesrepublik, stellvertretend für den Westen überhaupt, war der entsprechende Gegenentwurf. Supermarktregale wie Regenbögen, eine bunte Glitzerwelt, symmetrisch und klar. Das Versprechen der besseren Welt: die Überflussgesellschaft, die keine Entbehrung kennt.

Oft erwähnen ehemalige DDR-Bewohner_innen auf die Frage, was nach der Wende anders gewesen sei, an erster Stelle die übervollen Regalreihen in den Supermärkten. Sehnsüchte wurden zur Realität. Einer Realität der Beliebigkeit, der Fülle, die stellvertretend dafür steht, dass wir alles kaufen können und wollen.

Wenn Angela Merkel nun im Edeka am Bahnhof Friedrichstraße, im »Promi-Supermarkt« Ullrich auf der Mohrenstraße oder in der Galeries Lafayette auf der Friedrichstraße einkaufen geht, dann sind zwar Bodyguards an ihrer Seite. Aber an der Fleischtheke, wenn sie Mettwurst zum Grünkohl aus ihrem Garten im Ferienhaus kauft, wirkt sie wie eine einfache Bürgerin. Sie stellt sich »ganz normal« an die Kasse – das sagt zumindest der Chef des Supermarktes Ullrich gerne zu Journalist_innen.[16] Und wenn die Bundeskanzlerin sich höchstpersönlich und ganz unaufgeregt, ja brav in die Kassenschlange stellt, ist das eine ganz eigene Geschichte, die diejenigen, an deren Kasse sie stand, ein Leben lang als Anekdote zu erzählen haben. Auf viele Wähler_innen scheint es beruhigend zu wirken, dass Merkel in den Supermarkt geht. Auch wenn sie in Supermärkten des höheren Preissegments »normal« an der Kasse rumsteht. Möglicherweise gefällt es ihr ganz einfach, sich im Supermarkt umzuschauen und einzukaufen, genauso aber dient es ihr politisch, um sich als die sympathische Kanzlerin von nebenan zu inszenieren. Vielleicht empfinden ihre Wähler und Wählerinnen dann eine wohltuende Nähe, die sie daran erinnert, dass Merkel auch nur ein Mensch ist. Eine Bundeskanzlerin, die ihre Einkäufe auf das schwarze Band legt und vielleicht mit abgezähltem Geld bezahlt, verkörpert das Versprechen einer Gesellschaft, in der alle eigentlich gleich sein sollten. Auch wenn manche einen Bodyguard haben.

GESCHWISTER

Angela Merkel ist das älteste von drei Kindern. Sie hat einen jüngeren Bruder, Marcus, der ebenfalls Physiker ist, und eine jüngere Schwester, Irene, die Ergotherapeutin in Berlin ist und Merkel zufolge ihre »Ratgeberin in Fragen, die nichts mit Politik zu tun haben«.[17] Alle drei sind auf dem Waldhof vor Templin aufgewachsen.

Einiges von dem, was häufig mit Erstgeborenen assoziiert wird, trifft auch auf die Politikerin Angela Merkel zu: führungs- und willensstark, ambitioniert, gut organisiert und verantwortungsbewusst. Erstgeborenen stülpt man ebenfalls gerne die Verpflichtung der Stammhalter_innenschaft über. Merkel gab den Namen ihres Vaters ab und emanzipierte sich vielseitig. Und doch entwickelte sie letztlich ähnliche Eigenschaften wie Vater Horst: politisch, bereit, sich einzumischen, nicht allzu kritisch gegenüber dem System, in dem man sich bewegen musste.

In familiärer Runde dagegen soll die kleine Angela auch mal sehr aggressiv geworden sein.[18] Öffentlich reden die Geschwister nicht über die große und berühmte Schwester. Verschwiegenheit ist wichtig. Und ein mächtiger Vorteil für Merkel im geschwätzigen Politikzirkus. Ihr Bruder Marcus, der Physiker, sprach einmal mit der *taz*. Vor ihrer ersten Wahl zur Bundes-kanzlerin 2005. Er beschrieb die Beziehung als leicht distanziert, über Politik redeten sie, wenn sie sich sähen, nicht. Und sehen würden sie sich sowieso sel-ten. Es wird mit der Kanzlerinnenschaft nicht besser geworden sein. »Ein Verhältnis, wie es Millionen Ge-schwister haben«, schreibt die *taz*-Reporterin.[19] Ein solides Verhältnis. Politisch gesehen nutzt das Merkel, es strahlt familiäre und soziale Verlässlichkeit aus, ein solides Verhältnis zu den Geschwistern zu haben.

Gleichzeitig können Geschwister auch etwas dar-über verraten, wie der Lebensweg auch hätte aussehen können. Was sagen aber die Geschwister über Angela Merkel nun aus? Dass eine gewisse Vorliebe für Na-turwissenschaften vorhanden ist? Über Marcus Kas-ner wissen wir noch, dass er mal bei den Grünen war. Über Irene Kasner ist dagegen nichts weiter bekannt. Verschwiegen sind sie immerhin alle.

UCKERMARK

Im Nebel sehen die Silhouetten der Pappelalleen über den Feldern wie gemalt aus, unwirklich. Wenn die Sonne durch die Wolken bricht, fühlt es sich ein wenig an, als würde gleich Effi Briest in einer Kutsche am Horizont erscheinen, auf ihrem Weg nach Pommern. Die weite Gegend ist immer noch dünn besiedelt, viele der Häuser verfallen, hier und da stehen alte Gutshäuser. Abgeblättert sind die Insignien der brandenburgischen Gutsherrschaften, aber sie sind noch erkennbar. Dazwischen ein paar sanierte Häuser, Neubauten, Bauernhöfe, Seen. Viele Straßen sind in einem miserablen Zustand. Busse, die selten fahren, gibt es, wenn überhaupt, in größeren Orten, genauso wie es nur in den größeren Orten Supermärkte mit geringen Öffnungszeiten gibt. Mobiles Internet gibt es fast nicht. Die Fahrten über die hügeligen Landstraßen durch die Buchenwälder sind dafür umso aufregender. Besonders im Herbst, wenn die Blätter und der Himmel bunt leuchten und strahlen, der Boden mit Laub bedeckt ist und die Sonne durch den Nebel glänzt. Die Leute sind höflich, lächeln. Ihre politischen Überzeugungen?

Scheinen nicht relevant. Gewählt wird CDU. Und die Linkspartei.

Hier ist Angela Merkel aufgewachsen, und hier steht auch ihr Ferienhaus. Die Uckermark – das kleine bisschen Spießigkeit in ihr, welches sie hegt und pflegt. Eine kleine Festung steht in Hohenwalde, im Naturschutzgebiet. Man muss ein wenig durch den Wald fahren. Hohenwalde 2 ist die Adresse. Gegenüber liegt ein Wachhäuschen. Viele Boulevardblätter haben versucht, die Nachbarn und Nachbarinnen zu befragen, nach ihr, nach der mächtigsten Frau der Welt. Die Antworten sind immer freundlich, höflich. Und nichtssagend. Unverbindlich. Ja, die Angela ist nett, die Frau Merkel ist immer freundlich und so bodenständig. So bodenständig. Am Ende bleibt den Journalist_innen nur zu schreiben, dass die Uckermark Merkel offenbar Kraft gibt, Ruhe. Auszeit vom hektischen Politikbetrieb, von der Stadt. Die Luft ist anders, reiner, die Sterne sichtbar. Abgeschieden. Insbesondere von Berlin. Ganz besonders von Berlin. Die Uckermark ist der Zufluchtsort schlechthin für Berliner Großstadtgestresste.

Im 18. Jahrhundert, als Preußen die Macht in der Region übernahm, hatte die Uckermark unter Kriegslasten zu leiden, es ereilten sie Kartoffelbefehle, und man bemühte sich, dem Status als »Kornkammer Berlins« gerecht zu werden. Die Kartoffelbefehle kamen vom Alten Fritz und sollten Hungersnöten vorbeugen:

»Wo nur ein leerer Platz zu finden ist, soll die Kartoffel angebaut werden, da diese Frucht nicht allein sehr nützlich zu gebrauchen, sondern auch dergestalt ergiebig ist, daß die darauf verwendete Mühe sehr gut belohnt wird.«[20] Die Uckermark trug also mit dazu bei, dass sich die Kartoffel in Deutschland langfristig als Grundnahrungsmittel durchsetzte. Es kommt nicht von ungefähr, dass in unserer Zeit die Kartoffel als Beleidigung für »typisch deutsch« benutzt wird. Ironischerweise wird die Kartoffel in der Uckermark jedoch Nudel genannt. Und die Nudel hat ihren festen Platz in uckermärkischen Herzen, Gärten und Töpfen – sie ist robust, solide, Hausmannskost, die gut ernährt. Die Uckermark liebt ihre Nudel, jeden Oktober gibt es etwa die »Uckermärkischen Nudelwochen«. Der Begriff »Nudel« wird in anderen Gefilden noch für ungewöhnliche und ausgeflippte Frauen benutzt. »Die Nudel aus der Uckermark« hat aber vermutlich noch niemand über Merkel geschrieben …

Angela Merkel ist in Templin aufgewachsen, der »Perle der Uckermark«, einer hübschen Stadt mit Bootsanlegestellen und norddeutscher Backsteingotik. Das Rathaus ist rosa, die VHS, an der ihre Mutter unterrichtet, gelb, und der Asia-Imbiss bietet auch Döner und Bratwurst an. Es fällt nicht schwer, sich vorzustellen, dass Merkel sich hier wohlfühlt, abseits vom kreischenden Trubel des Politikbetriebs. Und nicht zuletzt sagt es viel über die Kanzlerin: In der am dünnsten besiedelten Gegend Deutschlands liegt der Ort, an dem sich die Kanzlerin vielleicht am wohlsten fühlt.

TEFLON

Es begann wohl alles im Jahr 2010, als die Plattform *WikiLeaks* Depeschen des US-Außenministeriums veröffentlichte. Plötzlich konnten alle und jede_r im Internet lesen, was US-Diplomat_innen über internationale Politiker_innen dachten. Wenig schmeichelhaft und aus diplomatischer Sicht eine Katastrophe. Günther Oettinger wurde als Ente verspottet, die kriminellen Aktivitäten des bulgarischen Ministerpräsidenten festgehalten und so weiter und so fort. Eine dieser Depeschen handelt von Bundeskanzlerin Angela Merkel. Die Überschrift vom September 2009 lautet: CHANCELLOR ANGELA »TEFLON« MERKEL TAKES LIMELIGHT AS FDP WAITS IN THE WINGS.[21] Im Kern geht es in der Depesche um die unmittelbar bevorstehende Bundestagswahl, die Koalitionsoptionen, Frank-Walter Steinmeier und Guido Westerwelle. Erinnern können wir uns aber, den Medien sei dank, eigentlich nur an eines: Teflon!

»Der Teflon-Hosenanzug wird dünner.« (*Deutschlandfunk*)

»Kratzer im Teflon« (*Merkur*)

»Teflon legacy« (*Bloomberg*)

»Angela ›Teflon‹ Merkel« (*Süddeutsche Zeitung*)

»›Teflon-Kanzlerin‹ Merkel könnte an Krisenvielfalt
scheitern.« (*Die Welt*)

»War sie nicht die Teflon-Kanzlerin, an der kein
Skandal haften blieb?« (*Morgenpost*)

»Zwei andere politische Schlappen perlten an ihr ab
wie an einer Schicht Teflon.« (*Thüringer Allgemeine*)

»Das rote Sakko war offensichtlich aus purem
Teflon, so perlten die Fragen an ihm ab.« (*Die Achse
des Guten*)

»Die Frau hat Teflonqualitäten.« (*Der Westen*)

»Merkel, die Teflon-Pfanne« (*n-tv*)

»Angela Merkel, die Teflon-Kanzlerin« (*Handelsblatt*)

»›Teflon-Don‹ Merkel« (*LeFloid*)

»chancelière *Teflon*« (*Le Point*)

»*Teflon* Cancelliera« (*Huffington Post Italien*)

Teflon wurde 1938 als Bratpfannenbeschichtung erfunden. Wie genau Teflon funktioniert, bleibt für viele
ein Rätsel. Deswegen befinden sich etliche Falschin-
formationen im Umlauf: Teflon soll nämlich nicht nur
aus der Raumfahrt stammen, sondern eine zerkratzte
Pfanne soll sogar giftig sein. Beides ist unwahr. Wahr
dagegen ist, dass Teflon das Nebenprodukt eines Ex-
perimentes der Wissenschaftler Roy Plunkett und Jack
Rebok war. Heute wird es neben Pfannenbeschich-

tung vielfältig zum Beispiel für Dichtungen benutzt. Dennoch hält sich gerade der Mythos beständig, das Material käme ursprünglich aus der Raumfahrt.[22]

Seit der Depesche von 2009 ist Teflon auch untrennbar mit Angela Merkel verbunden. Dabei ist die Kanzlerin nicht komplett anti-haft-beschichtet, sondern hat lediglich die Haftkraft ihrer Oberfläche unter eigener Kontrolle. Und das hat sie schon früh verinnerlicht – DDR, Stasi, Pfarrerstochter, Elite-Physikerin, Spitzenpolitik … Alles Umfelder und Rollen, in denen insbesondere eine Frau stets auf der Hut sein muss(te), darauf achten muss(te), dass ihr nichts angehängt werden kann, was ihre Ambitionen bremst. Teflon also. Es hat zugleich etwas Absurdes, wenn die mächtigste Frau der Welt plötzlich die Eigenschaften einer Pfanne aufweisen soll, zeigt es doch ein wenig, wie zwanghaft eben diese mächtige Frau mit etwas Häuslichem assoziiert werden soll. Die Küche – sie bleibt in einigen Köpfen das natürliche Habitat der Frau.

DDR

»Kollegin Merkel vertritt eine saubere politische Haltung. Nach eigenen Aussagen ist sie von ihrem kirchlichen Elternhaus nicht so stark geprägt wie von Schule und Studium. Sie zeigt sich Argumenten zugänglich und ihre Meinung offen. Haltung und Handlung stimmen bei ihr überein.«[23] So ähnlich muss IM »Bachmann« an seinen Führungsoffizier über Angela Merkel geschrieben haben. Der inoffizielle Mitarbeiter der Staatssicherheit Frank Schneider saß zeitweise mit ihr in einem Büro. Angela Merkel – die linientreue Staatsbürgerin?

Nach ihrem Studium an der Karl-Marx-Universität in Leipzig zog es Angela Merkel 1978 nach Berlin. An die Akademie der Wissenschaften. Sie hatte sich vorher an der Universität in Ilmenau beworben, war aber ob der brutal offensichtlichen Stasi-Aktivitäten abgeschreckt.[24] Berlin also. Ein ganz eigenes Kapitel. In Adlershof begann sie ihre Karriere als Physikerin, in der theoretischen Abteilung. Eine Männerdomäne. Sie war aktiv am Institut, fleißig, brachte sich ein, war ehrgeizig. Die Akademie der Wissenschaften hatte den

Ruf, unter nicht allzu strenger Kontrolle der SED zu stehen. Selbstverständlich war es für die Karriere förderlich, auf Linie zu sein, aber der naturwissenschaftlichen Elite des Landes wurde ein gewisser Freiraum gestattet. Merkel war diesen Freiraum, den sie dennoch als unangenehme Enge empfand, gewohnt. In Templin hatte sie ebenfalls einige Privilegien genossen. Ihr Vater Horst Kasner hatte in der Kirche im Sozialismus Karriere gemacht, galt als »roter Pfarrer«, die Familie hat viele Privilegien, bürgerliche Literatur, die eigentlich verboten, zumindest aber nicht gerne gesehen war, stand in den Regalen des Waldhofs. Manchmal hat sie Leuten, denen sie vertraute, Zugang zu den begehrten Büchern gewährt, manchmal gab sie auch mit diesen Privilegien an. Meistens jedoch hielt sie sich zurück. »70 Prozent Opportunismus« nannte Merkel das Jahre später. Das Einfügen, das Schweigen, das Mitmachen, das Streben in die Elite des Landes, das Mitnehmen der gegebenen Privilegien.

Nicht zuletzt war die DDR Ende der achtziger Jahre zunehmend von kleinen Widerständen und politischen Ermüdungserscheinungen geprägt. Die FDJ-Leitung selbst konstatierte »Gleichgültigkeit, Ignoranz und Resignation in den Fragen der ideologischen Auseinandersetzung«.[25] Merkel schloss sich auch hier dem Zeitgeist an. Ihr Organisationstalent und die Freude daran ließen sie immer wieder die Organisation von Festen und Feten übernehmen: in der Schule, im Studium und letztlich auch in der Akademie. So dürfen wir uns auch ihre Tätigkeit als FDJ-Sekretärin für Kultur vorstellen.

Wie hielt es Merkel aber nun wirklich mit der DDR? Wir wissen, dass sie immer sehnsüchtig in den Westen blickte, dass sie nicht an den Staat glaubte, dass sie ihn nicht als Heimat empfand, nicht als ihr Land. Wir wissen, dass sie die engen Grenzen der DDR unerträglich fand, dass sie aber nicht in der Opposition engagiert war, die DDR nicht vor sich selbst retten wollte. Ihre Außenseiterinnenrolle und ihre sehr guten schulischen und später wissenschaftlichen Leistungen brachten ihr immer wieder Vorteile. Angela Merkel konnte sich immer wieder rauswieseln, unerkannt bleiben, ohne Strafen und Repressionen. Einmal brach sie den Kontakt mit einem in den Westen geflohenen Freund ab. Es war ihr zu unsicher, sie wollte ja nicht auffallen. Auch dank der permanenten Unterschätzung durch ihre Mitmenschen schaffte sie es sogar einmal, die deutsch-polnischen Grenzposten davon zu überzeugen, dass sie auch nicht wüsste, woher die Solidarność-Heftchen in ihrer Tasche kämen. Gerade um diesen Grenzvorfall ranken sich viele Verschwörungstheorien und Gerüchte. Hat sie mit Entscheidungsträgern der DDR kollaboriert? War sie IM? Wieso hatte sie diese Privilegien? Wie konnte sie den Grenzposten austricksen und laufen gelassen werden?

Die Antwort liegt auf der Hand – aus ähnlichen Gründen, aus denen sie auch Kanzlerin werden konnte: Verhandlungsgeschick, ein Händchen für nicht gleich offen zu erkennende Strategien, den Willen zu gewinnen, das Talent, sich charmant herauszureden, und die Aura eines Menschen, der keiner Fliege was zuleide tun kann. Außerdem erforderte die DDR der achtziger Jahre keine aufopfernde Linientreue mehr, um erfolgreich durchzukommen. Die Jahre der knallharten Kommunisten war unter Honecker lange vorbei.

Vielleicht hatte Merkel Ende der achtziger Jahre bis zu einem gewissen Grad schon resigniert und war bereit, sich mit einer eher unspektakulären Wissenschaftlerinnenlaufbahn abzufinden. Mit dem Mauerfall änderte sich das dann allerdings, und ihr Wille zur Macht, ihr politischer Instinkt und Ehrgeiz fanden in der BRD endlich Platz. Merkel hat es auch geschafft, den ersten Teil ihres Lebens in politisches Kapital zu verwandeln. Dabei hat sie nie den scharfen antikommunistischen Ton anderer Köpfe der Union angeschlagen, trotz ihrer im Nachhinein durchaus formulierten Kritik am System der DDR. Ihre CDU-Mitgliedschaft, obwohl viele ihrer früheren Wegbegleiter_innen sie links von der CDU sahen, war ein ausreichendes Bekenntnis gegen die DDR. Sie setzte sich auch nie als Ostpolitikerin in Szene und wurde auch selten so wahrgenommen, was ihrer Karriere nur helfen konnte. Die innere Distanz Merkels zur DDR,

die sie aber immer gut versteckte, half ihr im Nach-
gang und in der Aufarbeitung der DDR, ebenso unaufgeregt und distanziert zu bleiben und Sympathien
auf vielen Seiten aufzubauen. Und deswegen hatte IM
Bachmann, genannt »Schnaffi«, vielleicht in einem
Punkt einfach recht: Haltung und Handlung stimmen
bei ihr eben überein.

POPPER

Was findet sie denn nur an denen?, schwirrt vermutlich einigen Beobachter_innen durch den Kopf, wann immer Angela Merkel wieder einmal die schwarzgelbe Koalition preist. Zugegeben, nach dem Auszug aus dem Bundestag 2013 ist es etwas stiller um die FDP, aber Angela Merkel hat trotzdem Anfang 2015 noch verkündet, wie gut es doch wäre, wenn die FDP wiederkäme. Dabei ist es in Berlin ein offenes Geheimnis, dass die FDP sich in der Regierungszeit 2009 bis 2013 als regierungsunfähig entpuppt hat, weswegen die SPD während der Finanzkrise im Parlament immer wieder Unterstützung leisten musste. Sigmar Gabriel hingegen wird eine solide Regierungsarbeit attestiert. Immerhin. Und trotzdem: immer wieder die FDP. Trotz aller Skandale, Unzuverlässigkeit, Unfähigkeit und vor allem Blenderei. Wie – so drängt sich die Frage auf – kann die pragmatische Merkel mit diesen eitlen Schmocks von der FDP zusammenarbeiten wollen?

Um die FDP unter Guido Westerwelle und somit auch Angela Merkel besser zu verstehen, bedarf es eines Blickes nach Westdeutschland Anfang der achtziger Jahre. Helmut Schmidt war Bundeskanzler, aber seine Partei stand nicht hinter ihm, die Welle des roten Terrors flachte gerade wieder ab, und die Achtundsechziger waren eindeutig keine Jugendbewegung mehr. Die Grünen wurden gegründet, der Nato-Doppelbeschluss umgesetzt, und die Ära Kohl – Gnade der späten Geburt, geistig-moralische Wende und so weiter und so fort – glitzerte fahl am Horizont. Die Kleidung wurde pastellfarben, die Musik elektronisch, das Fernsehen langsam bunter. Der Punk hatte mit den Heilsversprechen der sozialen Marktwirtschaft westlicher Prägung abgerechnet und sich auch selbst gleich abgewirtschaftet. In dieser Zeit formierte sich, von westdeutschen Gymnasien ausgehend, eine Jugendbewegung, die bewusst angepasst, konservativ und im Kern versnobt war: die Popper. Eine Jugendbewegung mit beige- und rosafarbenen Lacoste-Hemden, Segelschuhen, Barbour-Jacke, mindestens einem Burberry-Schal und einem Vater, der für alles zahlte. Meist ein Anwaltsvater. Und obwohl die Popper eigentlich nur kurzzeitige kulturelle Erscheinung waren, sind sie bis heute für ambitionierte Anwaltskinder stilprägend. *Die Welt* schreibt: Der Popper »war der männliche Gegenentwurf zur Drei-Wetter-Taft-Frau. Erfolgreich, modisch, und nichts hätte seine Haare durcheinander bringen können. Im Unterschied zur Drei-Wetter-Taft-Frau war der Popper real und sein Geist lebt fort.«[26] Die Popper sind die deutsche und vor allem westdeutsche Variante eines westlichen Phänomens: die satten, behüteten jungen Menschen, die alles hatten und denen nur die Verachtung für die blieb, die es nicht hatten.

Einer dieser verwöhnten Anwaltskinderpopper, die in Christian Krachts Roman *Faserland* einen ideellen Friedhof bekommen, war Guido Westerwelle. Ein junger, ambitionierter Mann, der in Bonn zu Beginn der achtziger Jahre die Jungen Liberalen mitbegründete. Eine Gegenorganisation zu den Jungen Demokraten, die Westerwelle und seinen Weggefährten zu alternativ, zu linksversifft waren. Die Jungen Liberalen wurden so zur Heimat der westdeutschen Popper und sollten Ende der neunziger Jahre dann in Gestalt von Guido Westerwelle auch die FDP übernehmen.

Für eine Karriere als Popperin war Angela Merkel dagegen nicht nur ein wenig zu alt, sondern auch zu uneitel, bescheiden und unscheinbar. Doch auch wenn Merkel das arrogante, großspurige Auftreten der Popper nicht unbedingt entspricht, so sind doch wesentliche ideologische Übereinstimmungen zu erkennen: die Ablehnung der Achtundsechziger, der unbedingte Glaube an die Marktwirtschaft und die Verachtung alles »Sozialistischen«. Merkel, das wird oft vergessen, teilte als junge Frau viele Ressentiments gegen die Jugendrebellionen der westlichen Staaten. Dass Merkel sich eine erfolgreiche Zusammenarbeit mit dieser FDP vorstellen konnte, ergibt vor diesem Hintergrund Sinn, auch wenn alle Erwartungen enttäuscht wurden. Die FDP ist nach dem Ende der Regierungsbeteiligung nahezu zerbrochen, Guido Westerwelle wurde schwer krank und hat sein bisheriges Leben und Wirken einer umfassenden Selbstreflektion unterzogen. Merkel hat ihren Kompass schnell wieder justiert und sich ohne die FDP eingerichtet. Die Koalition mit dem einstigen Erzfeind – den Grünen – wird Stück für Stück vorbereitet. Trial and error. Mal sehen, was geht, was funktioniert, was nicht.

»Die Zukunft ist weit offen. Sie hängt von uns ab; von uns allen«, zitierte Merkel in ihrer Neujahrsansprache 2010 Karl Popper und brachte damit eine weitere ideologische Prägung ins Spiel. Politisch war Popper ein Vordenker der Extremismustheorie, die sich insbesondere in seiner Konstruktion und Ablehnung geschlossener Gesellschaften zeigte. In seinem Buch *Die offene Gesellschaft und ihre Feinde* vertritt er ein liberales Gesellschaftsmodell, das ökonomische Fragen sowie Diskriminierung und strukturelle Probleme weitestgehend unberührt lässt. Popper steht darüber hinaus für den »negativen Utilitarismus«. In kurz: So wenig Leute wie möglich sollen so wenig wie möglich leiden. Eine Vorstellung von Politik, die im Kern Angela Merkels Verständnis von Politik entspricht: So viel Gutes für so viele Menschen wie möglich machen, soweit es das bestehende System eben zulässt. Und so schließt sich dann auch der Kreis zwischen den wohlstandsverwahrlosten Poppern der achtziger Jahre, deren politischem Flügel, der FDP, und der kritisch rationalen Philosophie: Merkel mag Popper.

KONTROLLE

Angela Merkel spielt gerne. Schiffe versenken beispielsweise. Das sei wie in der Politik. »Wenn ich einen Treffer lande, finde ich das unheimlich toll.« So sagt sie es in einer außergewöhnlich offenen und ehrlichen Interviewreihe mit Herlinde Koelbl. In dem Bildband *Spuren der Macht* ist Merkel das zweite Untersuchungssubjekt. Zwischen Joschka Fischer und Frank Schirrmacher. Merkel hat einen ausgeprägten Willen, zu gewinnen. Sie will die Beste sein. Erfolgreich. Sich durchsetzen. Außer wenn es um Sport geht. Da hat sie wenig Ehrgeiz und nennt sich selbst »Bewegungsidiot«. Deswegen spielt sie lieber, Spiele, in denen es nicht um Körperlichkeit, sondern um Glück und Geschick geht. Politik beispielsweise.

Ende der neunziger Jahre erwacht ihr Machtinstinkt. Sie steht am Scheideweg: aufhören oder jetzt alles auf eine Karte setzen und auf die Kanzlerschaft zielen. Die CDU ist so schwach wie nie, Rot-Grün an der Macht. Merkel hat beste Chancen, die CDU zu übernehmen und sich als Oppositionsführerin zu etablieren. Ungefähr zu dieser Zeit hört sie auf mit den offenen und unverstellten Interviews. Sie hört auf, offen mit Informationen umzugehen und unverblümt ihre Meinungen kundzutun. Während sie zu Beginn des Jahres 1998 im letzten Interview mit Herlinde Koelbl noch darüber spricht, wie sie sich an Schröder rächen will, folgt mit dem Antritt ihrer neuen Funktion als Generalsekretärin nach der verlorenen Bundestagswahl 1998 Stille. Erfolgreiche Politik setzt auch das Kontrollieren von Informationen voraus. Sie gibt nur noch höchst strategisch Interviews, bietet in erster Linie politisch Angriffsfläche, stilisiert sich zu Beginn des neuen Jahrhunderts als Wirtschaftsliberale, zeichnet für das Konzept »Neue soziale Marktwirtschaft« mit verantwortlich. Damit erarbeitet sie sich auch Respekt in den konservativen Männerreihen.

Generell geht es in der Politik um Kontrolle. Politiker_innen nennen es gerne »Verantwortung übernehmen«, auch wenn das nur eine Umschreibung ist, dass sie die Entscheidungen treffen, also die Macht haben wollen. Kontrolle ist ein wesentliches Instrument der Machtausübung. Wie man zu Beginn des 21. Jahrhunderts inmitten von repräsentativer Mediendemokratie, Informationskriegen und verwirrenden Allianzen Kontrolle ausübt, hat Merkel gut verstanden: freundlich, bestimmt, unverbindlich, mit so wenig Angriffsfläche wie möglich. Kontrolle haben bedeutet aber auch, genau zu wissen, wann die eigenen Kontrollmöglichkeiten an ein Ende kommen. Dass Merkel weiß, was die von Angst getriebene Kontrollsucht mit Menschen tun kann, zeigt sich ebenfalls in dem umfangreichen Interview-Epos mit Koelbl, wenn sie sagt: »Ich möchte irgendwann den richtigen Zeitpunkt für den Ausstieg aus der Politik finden. Dann will ich kein halb totes Wrack sein.«[27] Auch politisch zeigt sich diese Haltung: Gerade in der Frage nach den europäischen Grenzen und dem Umgang mit Flüchtlingen hat sie immer wieder betont, dass Angst und Kontrolle nicht die richtigen Antworten sind.

Und trotzdem: Angela Merkel hat gerne die Kontrolle. Sie entscheidet gerne. Und sie tut auch alles, um an der Position der Entscheiderin zu bleiben. Auch weil sie denkt, dass sie es besser kann als die anderen. Daher kommt auch der häufiger mal bemühte Spitzname Angela Machiavelli oder auch Angela Merkiavelli. Niccolò Machiavelli schrieb im 15. Jahrhundert das berühmte Buch *Il Principe* (*Der Fürst*), in dem er nüchtern Machtmechanismen analysierte. Er verbannte die »für das mittelalterliche Denken so charakteristischen übernatürlichen Einwirkungen aus Geschichte und Politik«[28], wie es Herfried Münkler ausdrückt, und legte die Verantwortung in die Hände der Menschen selbst.

Merkel hat früh gelernt, was alles in ihrer Hand liegt und wie sie selbst Situationen zu ihren Gunsten schaffen kann. Eine Anekdote aus ihrer Kindheit, die sie immer wieder gerne erzählt, handelt davon, wie Merkel nicht richtig laufen konnte und es sich erst mit harter Arbeit beibrachte. Heute *muss* Merkel die Kontrolle haben, sonst fühlt sie sich unwohl. Symptomatisch dafür ist ihre Angst vor Hunden. Insbesondere vor großen Hunden. 2007 entstand in Russland das berühmte Bild von Merkel und Putins Hund, vor dem sie sich in ihrem Sessel regelrecht zusammenkauert. Was passiert, wenn sie die Kontrolle nicht hat: Sie wird ängstlich, weich, angreifbar. Putin wusste das und holte den Hund bewusst dazu, heißt es. Auch Putin spielt gerne. Und dieser Treffer ging bei Merkels Besuch in seinem Ferienhaus an ihn.

LEIPZIG

Angela Merkel begann ihr Studium in Leipzig 1973. Das Universitätsgebäude, in dem auch die Physiker saßen, steht ganz in der Nähe der Nikolaikirche auf dem Augustplatz. Der Weg vom Hauptbahnhof führt durch die Reste jenes großbürgerlichen Leipzigs, das auch die DDR nicht ganz ausradieren konnte. Merkel war eine von wenigen Physikstudent_innen an der Karl-Marx-Universität, gehörte zum elitären Kreis angehender Naturwissenschaftler_innen in der DDR. Leipzig bot damals nicht nur eine exzellente Ausbildung, sondern auch ein Klima, in dem Streit und Auseinandersetzungen möglich waren. So hatte Angela Merkel angeblich einen Kollegen, mit dem sie sich immer kabbelte. Don Camillo und Peppone sollen sie genannt worden sein. Merkel, die Pfarrerstochter, und der überzeugte Staatskommunist unterhielten mit ihren zärtlichen, aber handfesten Auseinandersetzungen ihre Mitstudent_innen. Auch an der Uni, der Sektion Physik, hatte Merkel viele intellektuelle Freiheiten. Alle anderen suchte sie sich Stück für Stück.

Sie lebte in einem Studentenwohnheim, das erste

Mal alleine. Sie war nach Leipzig gegangen wegen des guten Rufes der Universität, und weil es weiter von zu Hause weg war als Berlin. Die Großstadt Leipzig war eine neue Erfahrung für die junge Merkel, ein Kontrastprogramm zum urigen Templin. Eine Studienzeit, wie sie im Bilderbuch steht. Sie engagierte sich in kirchlichen Strukturen, lernte und studierte fleißig und organisierte gerne Partys. Mit dem damals in der DDR recht beliebten Kirschwhisky verdiente sie sich nach eigenen Angaben sogar ein paar Ostmark hier und da. Sie organisierte den hochprozentigen Likör, bereitete Drinks zu und verkaufte sie anschließend auf den Studipartys. Angela Merkel half sogar dabei, die traditionsreiche Moritzbastei zu einem Studiclub umzubauen. Ursprünglich war sie Mitte des 16. Jahrhunderts als Bastion zum Schutz der Stadt gebaut, nun schleppten die Leipziger Student_innen inklusive Angela Merkel monatelang und tonnenweise Schutt, um aus der ehemaligen Grenzbefestigung einen Studiclub zu machen. Ein Jahr nachdem sie mit dem Studium in Leipzig begonnen hatte, war sie fest integriert, und die Moritzbastei gehörte offiziell zur Karl-Marx-Universität Leipzig, auch wenn sie erst ab 1979, also als Merkel schon längst keine Studentin mehr in Leipzig war, wirklich für Partys genutzt werden konnte.

Merkels Studienzeit war mutmaßlich eine gute Zeit für sie. Zumindest klingt es in allen Beschreibungen so. 1977, zum Ende ihrer Studienzeit, heiratete sie in

Templin ihren Freund Ulrich Merkel, ebenfalls Physikstudent. Die Ehe hielt nicht lange, und im Nachhinein sagte Merkel zu Herlinde Koelbl, dass sie geheiratet habe, weil es eben alle getan hätten. Ulrich Merkel hat das gekränkt, das hat er in einem Interview mit dem *Focus* einmal deutlich gesagt.[29] Geblieben ist nur der Name, den sie trotz zweiter Ehe nicht abgelegt hat. Nach dem Studium verließ sie Leipzig, kurz bevor die Rufe auf den Straßen so laut wurden, dass die DDR die Proteste nur noch mit Polizeigewalt in Schach halten konnte. Vorerst. Ob und wie Merkel die Oppositionskreise in Leipzig erlebte, ist nicht bekannt. Ebenfalls ein Kapitel ihres Lebens, über das sie nicht viel spricht.

Die Moritzbastei wird 1992 aus der Universitätsstruktur ausgegliedert und zu einer kommerziellen Kulturstätte. Merkel macht zu dieser Zeit Karriere in der Politik. Leipzig, Ulrich Merkel, ja auch die Physik sind weit weg. Das Motto der Universität jedoch bleibt ihr und ihrem Politikstil eingeschrieben: »Aus Tradition Grenzen überschreiten.« Und in der Moritzbastei hat sie noch immer freien Eintritt.

PROPAGANDA

Eine Luftaufnahme. Zu sehen: eine große Gruppe Menschen in schwarzen Anzügen, die auf einer Art Militärbasis laufen. Es ist unklar, welche von den Anzugleuten Bodyguards sind, wer zu den Staatschefs gehört. Dass es sich um eine politisch wichtige Gruppe handelt, lässt sich einzig und allein daran erkennen, dass an der Spitze eine Person in einem beigen Anzug marschiert: Angela Merkel. Es sieht ein wenig aus wie das Negativ einer berühmten Szene in der *Star Wars*-Trilogie, worin der komplett schwarz gekleidete Darth Vader an der Spitze einer Truppe weiß gekleideter Sturmtruppen zum *Imperial March* marschiert. Es gibt viele von diesen Bildern mit Merkel, auf denen sie im Kontext internationaler Diplomatie immer heraussticht. Alleine schon, weil sie als Frau mit ihren Jacketts andere Akzente setzen kann als die an den schlichten Anzug gebundenen männlichen Kollegen. Und das auch tut. Ihre bunten Jacketts sind mittlerweile regelrechte Ikonen.

Merkels Inszenierung ist gleichzeitig immer bodenständig und bescheiden. Das ist ihre Signatur. Was bei

Männern eher farblos und langweilig wirkt – denken wir nur an Frank-Walter Steinmeier und François Hollande –, entfaltet bei Merkel eine Aura der Kompetenz. Generell hat Merkel einen sehr genauen Blick und Plan für öffentliche Inszenierung. Sie überlässt wenig dem Zufall, plant sogar ihre Patzer mit ein. So wie in einer Rede im Sommer 2014, als in ihrem Redemanuskript notiert war, wie sie in der Rede das Wort für Festnetz vergessen sollte. Der Gag sollte sein, dass die Kanzlerin so dicht dran ist an der aktuellen technologischen Entwicklung, dass sie sich an das Wort für Festnetz nicht mehr erinnern kann. Was ein Schenkelklopfer, der allerdings umgehend in den sozialen Netzwerken als geplant enttarnt wurde.

Merkel nimmt ihre Öffentlichkeitsarbeit äußerst ernst und befindet sich in bester Tradition von Edward Bernays, dem Begründer moderner Propaganda – oder Public Relations, wie es heute heißt. Bernays war ein Neffe von Sigmund Freud und arbeitete unter anderem mit dem US-Präsidenten Woodrow Wilson zusammen. In Wien geboren, wanderte Bernays mit seiner Familie in die USA aus, wo er anfing, die Erkenntnisse der Psychoanalyse auf anderen Feldern anzuwenden. 1928 veröffentlichte er sein weltberühmtes Werk *Propaganda*. Bei Bernays ist Propaganda das Durchsetzen von Zielen in großem Maßstab: »Die bewusste und zielgerichtete Manipulation der Verhaltensweisen und Einstellungen der Massen ist ein wesentlicher Bestandteil demokratischer Gesellschaften. Organisationen, die im Verborgenen arbeiten, lenken die gesellschaftlichen Abläufe. Sie sind die eigentlichen Regierungen in unserem Land.«[30] Merkel erfindet so gesehen Propaganda nicht neu, sie setzt sie nur konsequent um und übersetzt sie in das 21. Jahrhundert, das wesentlich vom Kampf um Wissen, Daten und Informationen dominiert ist. Und damit ist sie recht erfolgreich. Sei es in ihren Reden, sei es in den sozialen Netzwerken, sei es innerhalb der Partei. Merkel beherrscht Propaganda wie kaum eine andere. Immer an ihrer Seite: ein umfassender Stab an PR-Experten und Agenturen wie Blumberry Berlin, die das riesengroße Rautenplakat aus dem Bundestagswahlkampf 2013 zu verantworten haben.

Auch Umfragen unter der Bevölkerung lässt sie massenhaft durchführen, hat 2014 sogar eine Stelle für Verhaltensforscher_innen im Kanzlerinnenamt ausgeschrieben.[31] Wer die Stelle bekommen hat? Das ist unbekannt. Merkel will die Bevölkerung nicht zwingen, ihrer Politik zu folgen, sie will sie sanft überzeugen. Angesichts der menschenverachtenden Haltung vieler Deutscher gegenüber Flüchtlingen scheint die freundliche Umerziehung eine sinnvolle Maßnahme zu sein.

Propaganda hat seit Joseph Goebbels, der recht konsequent die Erkenntnisse von Bernays umzusetzen suchte, einen schlechten Ruf. Gerade in Deutschland flunkern sich die Menschen gerne vor, dass die damalige Generation verführt, ihnen mit Hilfe von Propaganda das Gehirn gewaschen wurde. Dass aber die Nazis lediglich die vorhandenen Einstellungen analysierten und sie nutzten, um ihren politischen Willen durchzusetzen, ist eine unbequeme Wahrheit. Denn gegen den Willen der Bevölkerung lässt sich, egal welche, Politik kaum durchführen, und Propaganda muss immer da ansetzen, wo entsprechende Ansichten vorhanden sind. Merkel weiß das. Sie ordnet ihre eigenen Ansichten den demokratischen Ergebnissen und Erwartungen oft unter. Sie versteht sich als Vertreterin der gesamten Bevölkerung, führt eher subtil, hat kein klares politisches Ziel, sondern eher das Ziel von Wohlstand und Stabilität für möglichst viele.

Mit Ende des 20. Jahrhunderts wurden die großen politischen Erzählungen durch die Popkultur abgelöst. So wie die Menschen früher Arbeiterlieder sangen und auf Parteiveranstaltungen gingen, sind heute Epen wie *Star Wars* die Knotenpunkte, an denen Fragen nach Gut und Böse niedrigschwellig verhandelt werden und die emotional ansprechen. Es überrascht also nicht, dass Merkel in eben dieser Ikonographie wahrgenommen und gezeichnet wird und dass jede Inszenierung, die den großen Epen unserer Zeit entspricht, erfolgreich ist: Auf dem britischen Magazin *New Statesman* war Merkel als Terminator abgebildet. Ernsthaftigkeit und Pathos funktionieren nur noch in den Erzählrahmen dieser popkulturellen Epen. Die große politische Inszenierung hat dagegen etwas Peinliches, aus der Zeit Gefallenes, wir sind am »Ende der großen Erzählungen«, wie es der französische Philosoph und Literaturtheoretiker Jean-François Lyotard nannte.

Merkels trockener Humor und ihre bescheidene Grundhaltung nun bieten einen angenehmen Bruch zur gewohnten politischen Inszenierung und sind ein Grund, warum bei Merkel Propaganda meistens zufällig, authentisch und sympathisch wirkt. Eine kaum zu überschätzende Waffe im Informationskrieg des 21. Jahrhunderts. Und Merkel ist dabei der Darth Vader im beigen Hosenanzug.

MOSKAU

Die Beziehung zwischen Berlin und Moskau ist seit je-
her kompliziert. Das hat sich auch unter Merkel nicht
geändert. Dabei haben Merkel und Putin, der zum
größten Teil ihrer Amtszeit ihr Ansprechpartner in
Moskau ist, das Verhältnis für sich justiert und entwi-
ckeln sich zunehmend zu politischen Antagonist_in-
nen – Merkel wird mit jedem Jahr Kanzlerinnenschaft
mehr zur Ikone dessen, was sich Westen nennt, während Putin seine Fans im explizit antiwestlichen Spektrum findet. Merkel zieht – gemäß der politischen
Kultur des Westens – Verhandlungen der Konfrontation vor, will eher Daten-, Geld- und vor allem Waren-
ströme kontrollieren als Territorium. Putin dagegen
steht für eine traditionelle Politik, in der Frauen noch
Frauen sind und nicht Politikerinnen, Nationalismus
ein Wert ist und das *Anything goes* der Postmoderne
sich noch nicht voll entfaltet hat. Merkel steht für
postmodernen Pragmatismus, Putin für anachronisti-
schen Stolz und Ehre.

Es verwundert entsprechend nicht, dass die Beziehung zwischen Merkel und Putin in den sozialen

Netzwerken ein regelrechtes Highlight ist: Es gibt eine Website, deren Slogan »It's complicated« heißt. Hier werden Bilder von Merkel und Putin gesammelt, vertraut, feindselig, scherzend. Es gibt zahlreiche Karikaturen, Bildmontagen und Witze über die beiden und ihre politischen Scharmützel – zum Beispiel, als es um die Feierlichkeiten zum 70. Jahrestag des Endes des Zweiten Weltkrieges ging. Merkel wollte gegenüber Putin klare Kante zeigen und sagte ihre Teilnahme an der Gedenkveranstaltung kurzfristig ab. Ging letztlich aber doch hin. Wie so eine ewige Liebesgeschichte. Er, der männliche Mannes-Mann. Sie, die unterkühlte Über-Politikerin. Kriegen sie sich jetzt oder nicht …? Da Putin auch immer wieder gerne anzügliche und frauenverachtende Witze macht (die natürlich stets ein Übersetzungsproblem sind)[32], scheint ein Happy End jedoch weit entfernt.

Was die Beziehung wiederum vertraut macht ist, dass sie in ihrer Muttersprache miteinander reden können. Merkel spricht sehr gut Russisch und Putin sehr gut Deutsch. Sie können sich verstehen.

Merkels Beziehung zu Moskau ist aber auch ohne Putin von großer Bedeutung. Für ihre Sprachkenntnisse wurde sie einmal als eine der besten Russisch-Schülerinnen der gesamten DDR ausgezeichnet und um 1970 herum auf eine Reise nach Moskau geschickt, wo sie ihre erste Platte von den Beatles kaufte: *Yellow Submarine*. Es war ihre erste Reise nach Moskau. Es blieb nicht ihre letzte. Einmal trampte sie mit Freunden sogar bis Aserbaidschan. Oft wird gesagt, dass nur systemtreue DDR-Bürger_innen opulente Reisen machen durften. Doch auch in der DDR galt, dass Exzellenz gefördert wurde – ohne die Staatstreue auf Herz und Nieren zu testen.

Als Physikstudentin reiste Merkel im Rahmen eines Studienaustauschs nach Moskau, wo sie ihren ersten Mann Ulrich Merkel kennenlernte. 1982 wurde die Ehe geschieden. Moskau bleibt für Merkel etwas Besonderes – allein schon deshalb, weil sie dort die Männer findet, die ihr das Leben schwerer machen, als sie es gerne hätte.

WAGNER

Denkt man an die Ehe Angela Merkels mit dem Chemieprofessor Joachim Sauer, fällt einem schnell der jährliche Auftritt bei den Bayreuther Festspielen ein. Geschniegelt und gestriegelt schreiten sie über den roten Teppich dieser – wegen manch höchst zweifelhafter Ansicht Richard Wagners – umstrittenen Veranstaltung.

Wagner könnte durchaus für das stehen, was Angela Merkel und Joachim Sauer im Kern zusammenhält.

Einmal sagte Merkel über Wagner, er sei so emotional und berührend und gleichzeitig so katastrophal tragisch.[33] In Wagners Musik finden die sonst so beherrschten Persönlichkeiten große Gefühle. Im Publikum sitzend, neben ihrem Mann, kann Merkel große Katastrophen mit Genuss erleben. Sie schätzt offenbar das Aufwühlende und gleichzeitig das Beruhigende und Wohltuende in Wagners Werk, das die Möglichkeit bietet, tief einzutauchen in die Liebe, das Schicksal, den Hass, den Verrat und andere tiefgreifende Emotionen, die in ihrem Alltag keinen Platz haben können. Wagner ist ihre Alltagsflucht. Aus der sicheren Distanz der Zuschauerin erlebt sie Seelenqualen im Schnelldurchlauf, ohne deren Konsequenzen tragen zu müssen. Der österreichische Philosoph Robert Pfaller nennt das die »zweite Welt«, in der wir all das erleben, was unsere eng getaktete Welt nicht mehr zulässt, was der Umsetzung unserer Pläne und Ambitionen im Weg steht. Wagner ist Merkels Eskapismus.

Im *Ring des Nibelungen* geht es um Missgunst, Neid, Rache, Intrigen, Zorn, Angst und all die anderen Gefühle, die Menschen in den Abgrund reißen. Und um das Beherrschen von Frauen, die zu stark sind, die sich fügen müssen, die fügig gemacht werden. Brünnhilde, eine der neun Töchter Wotans und eine Walküre, widersetzt sich dem Willen ihres göttlichen Vaters mehrfach. Dieser plant, sie zu bestrafen, indem er sie gegen ihren Willen dem nächstbesten Mann ausliefern will. Stattdessen beginnt die Liebesgeschichte mit Siegfried, und Brünnhilde wird im Laufe der Geschichte verraten, vergewaltigt, bloßgestellt. Brünnhilde, eigentlich eine mächtige Frau, eben eine Halbgöttin, wird ihrer Macht beraubt, geht unter in dem engmaschigen Männernetzwerk, kann sich ihrer Macht nicht bedienen und folgt ihrem zwischenzeitlich schwer verwirrten Geliebten Siegfried in den Tod.

Brünnhilde, die Kämpferin, geht an den Männern zugrunde. Merkel dagegen beging den Vatermord an ihrem politischen Vater Helmut Kohl, sprengte die Männernetzwerke. Guckt man sich Merkel an, wünscht man sich, Brünnhilde hätte diese Kraft gehabt, ihre Macht so erfolgreich wie Merkel einzusetzen. Es mag an den Zeiten liegen, die so gar nicht mehr die sind, für die Brünnhildes Schicksal steht. Aber es mag auch daran liegen, dass Merkels Liebesgeschichte ganz anders ist, dass Merkels große Liebe Joachim Sauer sie nicht in den Abgrund riss, sondern ihre Karriere im Gegenteil unterstützte.

Seit 1981 kennen sie sich, beide damals noch verheiratet, aber nicht sonderlich glücklich – die Scheidungen folgen, und die Liebe zwischen den beiden bleibt. Ohne Trauschein. 1998 heiraten sie ganz unaufgeregt, ohne öffentliche Aufmerksamkeit. Sie behält ihren Namen, er seinen. Sie bleiben kinderlos. Es gibt Gerüchte, die besagen, dass sie nur heirateten, weil es sinnvoll war. Vielleicht wegen der Steuern, vielleicht eine Anpassung an die strengen moralischen Ansprüche der Union, vielleicht beides. Auf den ersten Blick ist diese Liebesgeschichte dröge, steht regelrecht im Gegensatz zu den großen Entwürfen der überbordenden und bombastischen Bühnenwerke Wagners. Und trotzdem hat es etwas Reines, Zartes, wie Merkel und Sauer abseits der Konventionen ein Paar sind, wie sie der üppigen und überemotionalen Musik Wagners gemeinsam lauschen, wie er ein bisschen Stolz in den Augen hat, wenn die »mächtigste Frau der Welt«, seine Frau, mit ihm über den roten Teppich in Bayreuth schreitet. Die Pfarrerstochter und der Konditorensohn, die es zu so viel mehr gebracht haben, als die Herkunft hätte vermuten lassen, die seit über dreißig Jahren eine Beziehung führen, die nie in die Öffentlichkeit gezerrt wird, die für sich bleibt, privat. Eine Liebe, die auf ähnlichen Interessen und exzellenten Fähigkeiten beruht, die immer wie auf Augenhöhe wirkt – auch wenn am Klingelschild zur gemeinsamen Wohnung im Kupfergraben in Berlin-Mitte nur sein Name steht. Eine Liebe, die Wagner nie hätte verstehen können. Eine Liebe, die nicht darauf basiert, die Frau gefügig zu machen, abzuwerten, ihren Willen und ihre Ambitionen zu brechen. Da ist es auch nicht schlimm, dass der hochdekorierte Professor Dr. Joachim Sauer als glamouröser First Man so gar nicht taugt und Merkel ihn bei einem Empfang auch mal im Auto vergessen hat. Oder vielleicht macht ihn auch genau das zum idealen Kanzlerinnengatten.

FEINDE

Jede politische Karriere bringt ihre Feinde mit sich. Genau genommen, bringt jede exponierte Position Feinde mit sich. Feinde, die selbst gerne in der Position sein wollen, die an der Legitimität und der Legitimation der Position zweifeln oder sie notfalls mit Gewalt abzuschaffen versuchen. Feinde, denen man im Weg steht, Feinde, die ihr Weltbild in Gefahr wähnen. Es gibt auch Feinde, für die man nur eine Projektion ist, die einen bekämpfen, weil man nicht so aussieht, wie sie das gerne hätten, weil man eigenwillige Entscheidungen trifft, weil man eine Frau ist.

Angela Merkel hat viele Feinde. Spätestens mit ihrem Eintritt in die Politik kamen die Feinde. Dass Merkel sich dessen – zumindest theoretisch – bewusst war, zeigt sich ebenfalls in der Interviewreihe mit Herlinde Koelbl. »Gerade wenn jemand schneller aufsteigt, als es gewöhnlich der Fall ist, stellen sich leicht Neid und Missgunst ein. Zumindest steht man unter scharfer Beobachtung durch die Umwelt und erlebt scharfe Reaktionen auf jeden kleinen Fehler«, sagte Merkel schon 1991.[34] Da war sie erst seit kurzem Ministerin.

Im Laufe der Jahre stand sie oft unter Beschuss, auch als sie zunächst nur am Rand um das eigentliche Machtzentrum kreiste. Ein Schicksal, das Frauen, die keine Angriffsfläche bieten, oft widerfährt: Sie werden nicht offen bekämpft, sie werden einfach am Rand stehen gelassen, vom Männerklüngel ausgeschlossen. Erst als der CDU-Männerklüngel im Spendensumpf 1998 zu ersticken drohte, schlug die Stunde Merkels. Sie nahm sie wahr und übernahm die CDU. Und während ihre Feinde vorher hauptsächlich in den Lobby-, Medien- oder vielleicht auch Ministerialreihen zu finden waren, wurden mit der Macht auch die Feinde in der eigenen Partei mehr und vor allem verbissener. Gertrud Höhler hat passend bemerkt, dass Merkel schnell verstanden haben muss, dass sie nicht Teil des Rudels sein konnte, sondern sich an seiner Spitze halten musste, wollte sie politisch etwas erreichen.[35] Heute führt sie das Rudel, aber die Feinde werden mehr. Und sie werden aggressiver, mit jedem Jahr, das Merkel im Amt ist. Bisher hat sie rechtzeitig und präzise auf die Gefahren reagiert und die Feinde ausgeschaltet, stillgelegt.

Der Begriff des Politischen ist bei Carl Schmitt ungefähr das: Wer über den Ausnahmezustand herrscht, ist souverän.[36] Natürlich ist bei Schmitt der Staat der Träger des Politischen – als Ausdruck der politischen Einheit, die das Volk vertritt. Doch wer im Zweifel über Feinde und Freunde und den Umgang mit ihnen entscheidet, der hat de facto die Macht. Freund-Feind ist der Grundmechanismus des Politischen und hat auch nicht viel mit den privaten Präferenzen zu tun. Der Feind ist der, mit dem kein Ausgleich möglich ist.

Angela Merkel, sosehr sie die Macht als Kanzlerin gerade in den Händen hält, hat selbst wahrscheinlich einen sehr viel optimistischeren Begriff des Politischen – vielleicht entspricht ihr Verständnis des Politischen dem von Hannah Arendt entwickelten, die im gemeinsamen Handeln das Politische sah, in der Integration. »Wir schaffen das.« Merkel umarmt ihre Feinde gerne, erstickt sie in Freundlichkeit, hält sie nah bei sich. Verliert nie ein böses Wort über sie, sucht das Gespräch. Sie weiß, wie wichtig es in der Politik ist, zu wissen, wer die Freunde und Feinde sind, auch wenn diese Rollen sich umverteilen können. Ihre Feinde sind genauso flexibel wie ihre Freunde, aber vor allem weiß sie, wen sie sich nicht zum Feind machen sollte und wann sie ihren Feinden oder Freunden entgegenkommen muss.

Merkels Politikstil liegt im Wesentlichen im Suchen von Ausgleich, Konsens. Immer wieder wird in Texten über sie geschrieben, dass sie erst glücklich sei, wenn alle anderen unglücklich sind, weil dann alle Kompromisse eingehen mussten. Aber was tun mit den Übrigen, mit denen kein Ausgleich möglich ist, mit den Feinden? Im Laufe der Jahre ist Merkel mutiger geworden, weiß sich durchzusetzen. Heute würde sie sich wohl nicht mehr mit rechtsextremen Jugendlichen ablichten lassen, wie Anfang der neunziger Jahre in Magdeburg.[37] Heute hat sie eine klare Haltung zu den neurechten Bewegungen und deren politischem Arm, der AfD. Deutliche Worte fand sie in ihrer Neujahrsansprache 2015 über die Pegida-Bewegung. Ohne sie beim Namen zu nennen, warnte sie vor jenen, die montags wieder (!) auf die Straße gehen mit Hass und Rassismus im Herzen, den Merkel auch klar benannte, wenn sie sagte, dass zwar »Wir sind das Volk« gerufen werde, aber »Ihr gehört nicht dazu« gemeint sei. Verblüffend klare Worte: »Folgen Sie denen nicht!« Sie wiederholte diese Worte in ihrer Neujahrsansprache 2016. Einmal an der Spitze angekommen, einmal souverän, können die Feinde auch als solche behandelt werden.

Gerade deswegen ist das Feindbild Merkel auch so ausgeprägt wie nie. Die Vergleiche mit Hitler begannen in Griechenland circa 2010 während der Finanzkrise. Massen demonstrierten gegen die Zuchtmeisterin aus Deutschland, gegen die Austeritätspolitik, gegen die unter Merkel re-etablierte Hegemonie Deutschlands. Merkel als Hitler, als Domina, als Ribbentrop, als Terminator, als Anführerin des Vierten Reiches.

Im Internet ist Merkel ein noch viel elaborierteres Feindbild und wird verunglimpft: Merkel als Antideutsche, als linksversiffte Gutmenschin, als Muslima, die auf den Volkstod der Deutschen hinarbeitet, als Marionette der USA und Israel. Merkel als Jüdin, als

Feminazi, als Volksverräterin, Volksfeind Nr. 1. Merkel am Galgen und unter der Guillotine. Fotze. Die Beleidigungen sind so reaktionär wie aggressiv. Merkel kümmert sich nicht darum. Sie ist einen rauen Ton gewohnt nach über fünfundzwanzig Jahren in der Spitzenpolitik. Spurlos wird es nicht an ihr vorbeigehen, sie wird bestimmt ab und an auch darunter leiden. Dass sie aber die Feinde Feinde sein lässt, ihre Hater haten lässt, ist letztlich ihre Stärke. Denn nichts löst in der Mediendemokratie so viel Fremdscham aus wie das obsessive Rechtfertigen und Anprangern von Garstigkeiten. Die Leute erwarten, dass die Politiker_innen ihre Feinde kennen.

AUSSENSEITERIN

Bis vor wenigen Jahren noch war Außenseiter_in ein Schimpfwort, eine gesellschaftliche Position, die niemand gerne einnehmen wollte. Es gibt zahlreiche Kulturerzeugnisse, die vom Schicksal der Außenseiter_innen berichten: F. Scott Fitzgeralds *Der große Gatsby* zum Beispiel handelt vom tödlichen Kampf eines Außenseiters. In den letzten Jahren jedoch hat der Status Außenseiter_in eine Wandlung erfahren. Was früher peinlich, geradezu despektierlich war, ist heute eine Art Prädikat. Außenseiter_innen gelten immer häufiger als eigenwillig, kreativ, etwas Besonderes. Viele wollen sich mittlerweile ganz gezielt eine Außenseiter_in-Aura zulegen, um aus der Masse hervorzustechen. Dafür nehmen Menschen viel in Kauf: Sie ziehen an absurden Plätzen blank, lassen sich im Fernsehen demütigen, setzen ihr Leben für besondere Bilder aufs Spiel oder radikalisieren ihre politischen Haltungen, um sich als politische Außenseiter_innen zu inszenieren, die »endlich mal die Wahrheit« sagen. Unsere Gesellschaft hat sich schon längst den Gesetzen der Aufmerksamkeitsökonomie unterworfen.

Und das Prädikat »Außenseiter_in« ist ein besonders wertvolles geworden.

Merkel hat sich nie als Außenseiterin verstanden. Sie hat es auch nicht forciert, eine Außenseiterin zu sein. Auch wenn sie immer eine war. Tochter aus einer übergesiedelten Pfarrersfamilie im Staatssozialismus. Außerordentlich gute Schülerin mit Interessen, die eigentlich eher als männlich gelten, so wie Mathe und Physik. Studentin und nachher Doktorandin in der theoretischen Physik. Zu Beginn ihrer politischen Karriere dann die kinderlose, geschiedene Ostfrau und Naturwissenschaftlerin zwischen westlichen Christdemokraten. Als Oppositionsführerin die Frau, die sich der Medienlogik und ihren Anforderungen an das Aussehen einer Frau, widersetzte. Und als Kanzlerin die einzige Frau eines mächtigen Staates auf dem Parkett internationaler Politik. Aber gerade die Position als Außenseiterin hat ihr immer wieder die Möglichkeit gegeben, ihre Stärken auszuspielen, sich Stück für Stück in einem neuen Betätigungsfeld zu orientieren und auf den richtigen Moment zu warten, um zu handeln. Es entspricht insbesondere Merkels Naturell, sich erst einmal ein genaues Bild von der Lage zu machen, nachzudenken, in Ruhe einen Überblick zu bekommen und schließlich strategisch einzusteigen.

Die Rolle der Außenseiterin hat so gesehen einige Vorteile: Die Außenseiter_in wird nicht sofort als Gefahr identifiziert, sie steht am Rand, ist uninteressant und muss sich ihre Rolle erst erkämpfen. Außenseiter_innen fällt es traditionell schwer, sich anzupassen, sich einzufügen, und das Wissen darum beruhigt. Gleichzeitig droht von Außenseiter_innen die Gefahr, dass sie die bestehende Ordnung auf den Kopf stellen, dass sie die Macht im entscheidenden Moment an sich ziehen und die ehemaligen Außenseiter_innen zu denen machen, die das Sagen haben. Merkel hat das eindrucksvoll bewiesen. Aus der Außenseiterin Merkel wurde die vermeintlich mächtigste Frau der Welt. Fast schon ein Märchen. So als hätte Jay Gatsby am Ende doch das Glück finden können. Kein Wunder also, dass Außenseiter_in in den letzten Jahren so ein begehrtes Prädikat geworden ist.

ANDENPAKT

Es muss ein aufregender Flug gewesen sein: über den Anden, dem sagenumwobenen Gebirge auf dem südamerikanischen Kontinent. Im Flugzeug sitzen ein paar junge Männer, die aufstrebende Elite der CDU. Eine Austauschreise mit den zukünftigen konservativen Führer_innen Südamerikas. Roland Koch, Volker Bouffier, Matthias Wissmann nehmen an der Reise teil und fliegen jetzt über die Anden. Sie trinken. Irgendwann, so will es die Legende, ergreift Matthias Wissmann das Wort und schwört die Anwesenden aufeinander ein. Ein Geheimbund. Angelehnt an die Andengemeinschaft nennen sie sich hochtrabend »Pacto Andino segundo« – der zweite Andenpakt. Doch was aus einer Bierlaune heraus entstand, wurde im Laufe der Zeit zu einer der wichtigsten Seilschaften innerhalb der CDU. Denn Loyalität ist in der Politik ein wertvolles Gut: das Wissen, sich auf Menschen verlassen zu können, ihnen grundsätzlich vertrauen zu können, zu wissen, dass sie einen nicht im erstbesten Moment verraten.

Das schworen sich die zwölf jungen Delegierten auf

dem Flug von Caracas nach San Diego im Sommer 1979. Im Laufe der Jahre kamen neue Mitglieder dazu; der Andenpakt wurde zur Institution. Sogar mit einem Konto bei der Deutschen Bank in Braunschweig, einem jährlichen Mitgliedsbeitrag und einem Generalsekretär.[38] So verwegen sich die bräsigen Christdemokraten auch gefühlt haben mögen – verschworen wie die südamerikanischen Drogenbosse, die sie überflogen –, so vereinsmeierisch setzten sie den Geheimbund in die Tat um.

Lange tat der Andenpakt seinen Mitgliedern einen guten Dienst. Sie teilten sich relevante Positionen untereinander auf, unterstützten sich gegenseitig und hielten öffentlich zusammen. Und das, ohne sich als Gruppe identifizierbar zu machen. Eine kaum zu überschätzende Waffe in der innerparteilichen Schlacht um Ämter und Pöstchen. Auch weil die große Frage, nämlich wer von ihnen Kanzler werden würde, wegen der Übermacht Kohls lange genug vermieden werden konnte. Selbst nach der verlorenen Bundestagswahl 1998 übernahm erst mal der ewige Kronprinz Wolfgang Schäuble, und die Andenpakt-Mitglieder konzentrierten sich auf die Bundesländer. Erst zur Bundestagswahl 2002 brach der Machtkampf offen aus; die Chance, Schröder vom Thron zu stoßen, war plötzlich zum Greifen nah. Am Ende wurde Edmund Stoiber Kanzlerkandidat – und nicht, wie es traditionell geboten gewesen wäre, die CDU-Parteivorsitzende Angela Merkel.

Seit 2000 war Merkel Parteivorsitzende und in dieser Position zunächst unerfreulich schwach. Erst mit Mitte dreißig zur CDU gestoßen, war sie nicht Teil der mächtigen Männer aus dem Westen. Sie wusste, glauben wir den Berichten, bis zum Moment der Machtprobe um die Kanzlerschaft 2002 nichts von dem mächtigen Bündnis. Dennoch war sie Parteivorsitzende geworden – als einzige Politiker_in aus der ersten Reihe der damaligen CDU, die sich glaubhaft von der Spendenaffäre distanzieren konnte. Und das auch nachdrücklich tat.

Ein Blick zurück: Die CDU hatte in ihrem piefigen Männerklüngel Schattenkonten geführt und diese Gelder u. a. als Spenden oder als angebliches Erbe deutscher Juden ausgegeben. Juden, die Opfer der Shoah geworden waren. Reichlich geschmacklos, doch irgendwie passte es zu der selbstgerechten, sich unantastbar fühlenden Führungsriege der CDU am Ende der Ära Kohl. Eine Riege, die das »Ehrenwort« über Gesetz und politische Verantwortung stellte. Helmut Kohl, der eiserne Führer der CDU der achtziger und neunziger Jahre, hatte seiner jungen Bande vorgelebt, wie man Macht erfolgreich ausübte, und die junge Bande um die stets wachsende Mitgliederzahl des Andenpaktes hatte sich die Instrumente gut abgeschaut: geschlossene Netzwerke und gezieltes Schweigen. Der Andenpakt ist damit auch symptomatisch für die CDU unter Kohl, der er seit 1973 als Parteivorsitzender vorstand. Und in dieser CDU hatten Frauen kaum Platz.

Bis zum Skandal um die Spendenaffäre stand für die Mitglieder des Andenpaktes zweifelsohne fest, dass sie die Führungsriege der CDU für die nächsten Jahrzehnte stellen würde: Parteivorsitz, Fraktionsvorsitz, Regierungsämter – und natürlich die Kanzlerschaft. Nach der Spendenaffäre wurden die Karten jedoch neu gemischt, und Angela Merkel zog an den bisher sicher gesetzten Männern vorbei. Schäuble machte sie 1998 zur Generalsekretärin, und am 10. April 2000 wurde sie auf dem Parteitag in Essen Parteivorsitzende. Merkel konnte sich nonchalant als die knallharte Aufklärerin inszenieren, die es nach dem Spendenskandal auch brauchte. Das Vertrauen in die CDU war zerbrochen, der Status Volkspartei im Begriff zu verschwinden, Rot-Grün war an der Macht, und die CDU lag am Boden. In einer solchen Ausnahmesituation konnten sich die Herren gönnerhaft zeigen und auch einmal einer Frau die Verantwortung überlassen. Angela Merkel war sich schon damals darüber im Klaren. »Vielleicht muss die Firma IBM erst einmal in eine richtig große Krise kommen, damit hier auch mal eine Frau übernehmen darf«, sagte sie im Jahr 2000, nur kurz nach ihrer Wahl zur Parteivorsitzenden, zu IBM-Managerinnen, die sich über die gläserne Decke ärgerten.[39] IBM lässt sich hier unproblematisch durch CDU ersetzen.

Am Anfang redeten sich die wie von einem Kondor überflügelten und abgehängten Männer noch ein, dass Merkel nur eine Übergangslösung sei und die Welt schon ganz bald wieder in den richtigen Bahnen verlaufe: in männlichen, altgedienten, volksparteilichen und erfolgreichen CDU-Bahnen. Denn nicht nur war Merkel dem Klüngelbündnis aus der Zeit der Jungen Union fremd, auch als Frau war sie weder willkommen, noch wurde sie so ernst genommen, wie das angemessen gewesen wäre. Die Mitglieder des Andenpaktes konnten in ihre langfristigen Planungen die Wende und was das für Deutschland, die CDU und ihre Karrieren bedeuten würde, kaum einplanen. Schon gar nicht, dass eine Frau aus dem Osten ihre Welt so komplett durcheinander bringen würde. Dass Kohl und später Schäuble – wenn auch aus zweifelhaften Gründen – auf Angela Merkel setzten, war ihr Glück.

Als CDU-Parteivorsitzende hätte es Merkel nun 2002 zugestanden, gegen Gerhard Schröder anzutreten. Der Andenpakt wollte das verhindern. Wäre Merkel einmal Kanzlerin, so fürchteten sie zu Recht, wäre sie nur noch schlecht wieder zu entfernen. Und schließlich musste der 30-Jahres-Plan, der besagte, dass einer von ihnen Kanzler werden würde, erfüllt werden. Stoiber schien der perfekte Kandidat zu sein, um Merkel zu schlagen. Außerdem verschob er den finalen Kampf um die K-Frage innerhalb der andenpaktierenden Klüngelrunde. Stoibers Alter bot gleichzeitig die Chance, dass er nur eine, maximal zwei Amtszeiten machen würde und einer von ihnen danach noch Kanzler werden könnte. Eine Kandidatur Merkels musste also abgewendet werden.

Roland Koch rief Angela Merkel am 9. Januar 2002 an. Er soll gebrüllt haben, genau wie Merkel. Am Ende des Telefonats gab Merkel auf und war bereit, Stoiber die Kandidatur zu überlassen.[40] Warum? Vielleicht erkannte sie, dass sie diesen Machtkampf nicht gewinnen konnte, vielleicht rechnete sie damit, dass Stoiber gegen Schröder verlieren würde, dass auch ihre Chancen nicht allzu gut waren und dass sie 2006 einen neuen, aussichtsreicheren Versuch starten könnte. Vielleicht hatte sie einfach ihr Ego, ihre Eitelkeit im Griff und stand nach der Niederlage wieder auf. Oder sie hat von Kohl gelernt, der vor der Bundestagswahl 1980 als CDU-Parteivorsitzender auf die Kanzlerkandidatur verzichtete und Franz Josef Strauß mit dem niedersächsischen Ministerpräsidenten Ernst Albrecht um die Nominierung kämpfen ließ. Der Vater von Ursula von der Leyen verlor damals den internen Kampf gegen Strauß, der dann wiederum gegen Helmut Schmidt verlor. 1982 wurde Kohl schließlich Kanzler, und blieb es für 16 bleierne Jahre.

2005 – ebenfalls drei Jahre nach ihrer parteiinternen Niederlage – wurde Merkel Kanzlerin. Spätestens seit dem denkwürdigen Telefonat mit Roland Koch muss ihr die Existenz des Männerbundes klar gewesen sein.

Ob sie die gesamte Geschichte zum Andenpakt schon damals kannte, ist nicht bekannt. Angeblich soll ihr Christian Wulff sie irgendwann 2002 erzählt haben.

Im Sommer 2003, nach der verlorenen Bundestagswahl, berichtete *Der Spiegel* dann über den Andenpakt. Das Geheimnis war nun auch offiziell gelüftet. Wer dem *Spiegel* die Informationen gesteckt hat? Das bleibt bis heute reine Spekulation. War es Merkel? War es einer der Logenbrüder selbst? Einer, der im Verraten des Paktes vielleicht mehr Gewinnoptionen sah, als ihm weiter stillschweigend anzugehören? So oder so: Mit dem Sichtbarwerden zerfloss die Macht des Männerklüngels, wie sich schnell zeigen sollte.

Merkel hatte früh gelernt, die internen Gruppenbildungen der Union und die Machtverteilung nachzuvollziehen. Doch der Andenpakt war ihr lange unbekannt geblieben. Es gibt Menschen, die behaupten, dass sie bei der Nachricht über die Existenz des Andenpaktes sehr, sehr wütend geworden sei. Ob sie zu diesem Zeitpunkt entschied, gegen die Gruppe zu arbeiten, bleibt jedoch Spekulation.

Festzuhalten gilt aber: Einer nach dem anderen zog sich aus der Spitze der CDU zurück. Friedrich Merz und Roland Koch sind die bekanntesten Beispiele. Möglicherweise hatte sich mit der Niederlage Stoibers 2002 unter den Männern ein wenig Panik breitgemacht. Die ersten Risse innerhalb des mächtigen Männerzirkels? Stoiber war weg – wer von ihnen würde jetzt Kanzler werden? Oder wenigstens irgendetwas anderes.

Im Kampf gegen die CDU-Männer mit ihrer althergebrachten Sozialisation und ihren klassisch-konservativen Werdegängen zeigte sich der Vorteil von Merkels »Anderssein«. Sie konnte Machtpolitik auf eine Art und Weise verfolgen, mehr oder minder unter dem Radar, wie keiner der männlichen Kollegen es zu tun vermochte. Daher rührt wahrscheinlich auch die ausufernde Bewunderung einer Alice Schwarzer. Endlich eine Frau an der Spitze, die es den Typen gezeigt hat! Ein wenig Genugtuung stellt sich da vielfach automatisch ein.

Auf der anderen Seite reiht Merkel sich geräuschlos in die bestehenden Strukturen ein, verwaltet sie stoisch, reproduziert sie und relegitimiert sie dadurch. Sie verkörpert den Zeitgeist postdemokratischen Technokratentums ebenso, wie sie ihn verfestigt. Damit stellt sie sich in beste Unionstradition, die stets bemüht war, im Zeichen des unmittelbaren Zeitgeistes zu stehen. Deswegen ist bei den Männern des Andenpaktes auch etwas viel Fundamentaleres zerbrochen, als auf den ersten Blick sichtbar – mit dem Aufstieg Merkels wurde klar, dass sie nicht mehr Teil des Zeitgeistes sein würden, obwohl ihnen das zu Beginn ihrer Karrieren versprochen wurde.

Und tatsächlich: Wirken die Wulffs und Kochs heute nicht auf eine bizarre Art aus der Zeit gefallen? Was am Ende bleibt, ist das Wissen darum, dass der Kampf um die Kanzler_innenschaft 2002 der Höhepunkt und das vorläufige Ende des Andenpaktes war. Die Männer treffen sich immer noch ab und an und besprechen Dinge. Ob sie es künftig noch einmal schaffen, die Merkel-CDU zu verändern, ist fraglich. Was in den Anden als Schnapsidee begann und zu einer der mächtigsten Seilschaften der bundesrepublikanischen Nachkriegszeit mutierte, zerbrach letztlich an der Machtgier und Ignoranz der beteiligten Männer. Ganz so wie ein echtes Drogenkartell.

SAUNA

Es ist ein weniger unangenehmer Abend, als es im November in Berlin zu erwarten wäre. Es gibt ein bisschen Sonne, wenig Regen, der wirkliche Winter scheint noch weit entfernt. Im Fernsehen verkündet Günter Schabowski die Reisefreiheit für DDR-Bürger_innen. Angela Merkel verfolgt die Pressekonferenz, ist jedoch wenig beeindruckt. Wahrscheinlich ist ihr bewusst, was die Worte Schabowskis bedeuten könnten und eigentlich auch sollten. Am Telefon spricht sie mit ihrer Mutter darüber, wie es sein wird, auf dem Ku'damm Austern zu schlürfen. Im Kempinski. Wenn es vielleicht bald so weit ist. Es.

Aber: nicht aus der Ruhe bringen lassen, erst einmal in die Sauna. Denn was verkündet wird, ist nicht unbedingt das, was passiert. Bevor sie sich, zusammen mit denen, die jetzt auf die Grenze zulaufen, in direkte Diskussionen mit den Grenztruppen begibt, pflegt sie lieber ihre Rituale. Erst nach dem Saunabesuch zieht es sie zum Grenzübergang Bornholmer Straße.[41] Der ist nah an ihrer Wohnung auf der Schönhauser Allee. Nummer 104. Seit ein paar Jahren lebt sie in der 55 qm großen Zweiraumwohnung im zweiten Stock. Hinterhof. Grün vor den Fenstern. Eine ruhige Wohnung, trotz der viel befahrenen Bornholmer Straße direkt daneben.

Heute ist dieser Bezirk – Prenzlauer Berg – ein Symbol für erfolgreiche Gentrifizierung. Ende der achtziger Jahre sah das anders aus. Die Häuser waren unsaniert, um die ursprünglich schönen Altbauten scherte sich kaum jemand. Die DDR-Führung baute lieber voll funktionale Platten, als die bourgeoisen Altbauten zu sanieren. Altbauten mit Ofenheizung, Stuck und Geschichte. Und vielen Besetzungen.

Ihre vorherige Wohnung hatte Merkel auch besetzt. Nach der Trennung von ihrem ersten Mann suchte sie dringend eine Wohnung und fand eine in der Templiner Straße. Direkt in der Nähe der Zionskirche, der Kirche Dietrich Bonhoeffers, im heutigen Bezirk Mitte. Sie sagt: »Dann bin ich dort in die leer stehende Wohnung eingebrochen mit einem Schlüssel – nein, mit einem Schlüssel eben nicht. Ich habe das Schloss aufgebrochen.«[42] Die letzten Jahre in der DDR verbringt sie dann in der Wohnung auf der Schönhauser Allee im Prenzlauer Berg, dem Epizentrum der DDR-Opposition.

Als Angela Merkel am 9. November 1989 die Bornholmer Brücke – oder Bösebrücke, wie sie eigentlich heißt – erreicht, haben sich bereits mehrere Tausend Menschen in den Straßen Ostberlins versammelt.

Die Sonne ist schon lange untergegangen. Die West-
medien feiern bereits und stellen überall in der Stadt
an der Mauer ihre Reporter_innen auf. Sie filmen die
Menschen, die immer weiter auf die Straßen strömen
und die versprochene Reisefreiheit nun lautstark ein-
fordern. »Tor auf! Tor auf!«, rufen sie dem Grenzposten zu. Die Grenzsoldaten sind überfordert, und bei
der DDR-Führung ist die Tragweite ihres Entschlusses
noch nicht ganz angekommen. Die ganze Situation ist
den Herren auch äußerst unrecht. Aber es hilft nichts.

Merkel steht in der zweiten Reihe, als die innerdeut-
sche Grenze fällt. Sie verschwitzt die Konfrontation
mit dem Grenzposten in der Sauna. Sie überquert die
Stahlbrücke, als sie alle überqueren. Eine Brücke, die
über die Gleise verläuft. Sie betritt den Berliner West-
bezirk Gesundbrunnen. Ihre letzte Reise in den Westen
ist ungefähr drei Jahre her. Eine Hochzeit in Hamburg.
Jetzt reiht sie sich ein in die Euphorie des Moments.
Später wird sie sagen, dass sie diesen unglaublichen
Tag mit anderen gefeiert habe. Der Fluss nach Westen
zieht sie mit, auch wenn sie sich der Ektase nicht so
hingibt wie die anderen und recht früh wieder in ihre
Wohnung zurückkehrt. Am nächsten Tag geht sie zur
Arbeit. Nach Adlershof. Pünktlich. Zwei Jahre später
ist sie Bundesministerin im Kabinett Kohl im wieder-
vereinigten Deutschland. Ihre damalige Wohnung
auf der Schönhauser Allee 104 steht mittlerweile auf
airbnb,[43] dem größten Portal für private Unterkünfte,

zur Verfügung, und auf dem Gelände des Grenzpostens Bornholmer Straße ist ein Lidl entstanden.

Eine Sauna ist bekanntlich ein kleiner, hölzerner Raum, in dem mit Hilfe eines Saunaofens eine Temperatur zwischen 80 und 100 Grad Celsius hergestellt wird. Sie dient der Anregung des Kreislaufs und der Pflege des Körpers. Schwitzen als Gesundheitsübung. Schwitzen zwecks Absondern des inneren Drecks über die Grenzen der Haut. Wer kontrolliert schwitzt, ist vernünftig. Wenn die Grenzen bekannt, berechenbar sind, dann ist das entspannend. Dort, wo Angela Merkel am Tag des Mauerfalls saunierte, im sogenannten Ernst-Thälmann-Park, befand sich eine der modernsten Saunen der DDR. Die Tickets waren begehrt und kosteten 4 Ostmark. Angela Merkel sicherte sich immer schon rechtzeitig eins. Heute sind die DDR-Fliesen einer schicken, bemüht auf mediterran getrimmten Spa-Landschaft gewichen.

Glauben wir Überlieferungen, geht Angela Merkel gerne in die 100-Grad-Sauna. Denn da wird es ja erst interessant. Die körperlichen Grenzen maximal austesten: Was halte ich aus? Was geht zu weit? Dass ihr die Grenzen in der DDR zu eng waren, ist bekannt, sie arrangierte sich trotzdem mit ihnen. Politisch gesehen ist sie eher eine Dampfbadgängerin. So ist sie eine der mächtigsten Frauen der Welt geworden. Queen of Europe. Ungreifbar wie ein verschwitzter Körper. Flutschig.

Obwohl Merkels Instinkt ihr sicherlich irgendwie gesagt hat, dass Schabowskis Ankündigung weitreichende Auswirkungen haben wird, zog sie ihr Ritual der Ausnahmesituation vor. Als ob sie wusste, dass das Kommende so groß ist, dass es auch noch einen Saunagang lang warten kann. Oder doch so irrelevant, dass die Aufregung nicht angebracht ist. Abwarten, Rituale pflegen, verlässlich sein, sich zurückhalten, schweigen. Ritualisierung ist wichtig in der Politik, denn sie schafft Vertrauen. Wenn Grenzen sich zu ändern beginnen, tut Merkel eher einen zaghaften Schritt zurück – atmet ein, aus, ein ... Und trifft dann Entscheidungen. Entsprechend akribisch lässt sie heute analysieren, wo die Grenzen dessen liegen, was die Mehrheit der Deutschen an politischen Entscheidungen mitträgt – um diese respektieren zu können, aber auch um gleich zu sehen, wo die Einstellungen sich verändert haben, wo Chancen liegen. Kontrolliert.

An diesem 9. November 1989 ist die Zeitenwende für Merkel spürbar, und sie kommt ihr gelegen. In ihrem Job als Physikerin ist sie zwar sicher, aber sie empfindet die Sicherheit und relative Freiheit, die an der Akademie der Wissenschaften herrscht, nicht als solche. Was andere bis heute als Erfüllung sehen, ist für sie eine Einbahnstraße. Sie will mehr. Sie ist Mitte dreißig, in einer neuen Beziehung mit Joachim Sauer, promoviert, ist kinderlos, finanziell vorerst sorglos. Mit dem Fall der Mauer beginnt ihr aktives politisches

Leben. Sie streunt durch den Prenzlauer Berg und guckt sich die Oppositionsgruppen genauer an, die sie bisher nur distanziert beobachtet hatte. Als Pfarrerstochter eines recht bekannten Pfarrers wäre sie eigentlich prädestiniert gewesen, in der evangelisch geprägten Opposition der DDR anzudocken. Doch die Grenzen der Rolle als Pfarrerstochter hat sie spätestens mit dem Ablegen des Familiennamens Kasner überwunden. In den hell aufgeregten Winterabenden des Jahres 1989 findet sie schließlich eine Gruppe, die ihr zusagt: der Demokratische Aufbruch (DA), der bald in der CDU aufgeht. Sie hat in den Jahren vorher Energie getankt, wie es so oft heißt. Sie hat sich nicht aufgerieben in den Kämpfen vor dem Mauerfall. Jetzt macht sie Karriere in der CDU. In den Augen vieler nur als die Quotenfrau aus dem Osten. Die nächsten Grenzen einer Rolle, für deren Überwindung sie heftig schwitzen muss.

BRD

Was ist eigentlich Deutschland? Auf den ersten Blick eine banale Frage. Na klar, ein Land! In Europa! Die Nation der Deutschen. Aber spätestens da wird es kompliziert. Denn Deutschland ist weit mehr als das. Deutschland ist eine Idee, ein Konzept. Deutschland steht für Automobilindustrie und die Weimarer Republik, für das Kaiserreich und Bausparverträge, für zwei Weltkriege und den Holocaust. Träger der Idee von Deutschland ist die deutsche Nation. Nationen sind, zumindest in der Politikwissenschaft, sogenannte »imagined communities«, wie sie der US-Politologe Benedict Anderson nannte. Also imaginäre Gemeinschaften, die Halt geben und Orientierung, die ein Gemeinwesen organisieren. Deutschland ist solch eine imaginäre Gemeinschaft, die auch tatsächlich vielen Menschen Orientierung gibt. Deswegen hängen viele auch so sehr an ihr und sind gegenüber der Europäischen Union skeptisch.

Der aktuelle Name für die deutsche Nation ist »Bundesrepublik Deutschland«. Deutschland hatte schon viele staatliche Ausprägungen – Heiliges Römisches

Reich Deutscher Nation, Deutsches Reich, Weimarer Republik, Deutsche Demokratische Republik. Die BRD hält sich bisher sehr stabil und vor allem demokratisch. Angela Merkel nun ist die demokratisch legitimierte Regierungschefin, die den Willen der Deutschen nach bestem Wissen und Gewissen vollziehen soll. Angela Merkels Verhältnis zu Deutschland ist dabei ein besonders interessantes. Aufgewachsen im anderen deutschen Staat, verfolgte Merkel die Wahl des Bundespräsidenten Heinemann heimlich im Radio auf der Schultoilette.[44] Sie soll angeblich alle wichtigen Politiker der BRD auswendig gelernt haben. Die DDR, so sagt sie, habe sie nie als Heimat bezeichnen können, die BRD dagegen sei ihr Deutschland.[45] Deswegen fühlte sie sich auch von der Politik angezogen – in der BRD wollte sie gestalten. Ihr Deutschland wollte sie gestalten.

Als Oppositionsführerin, sie musste sich zu der Zeit konservativ profilieren, forderte sie in den frühen zweitausender Jahren in regelmäßigen Abständen einen neuen Patriotismus, eine neue, unverkrampfte Liebe zu Deutschland. Ohne Protz. Eine provokative Forderung in einem Land, in dem der Nationalismus so mörderisch gewesen und zu Recht verdammt worden war. Aber Merkel ließ sich nicht beirren. Deutschland müsse wieder groß werden, auch innerhalb der Europäischen Union.

Zehn Jahre später: Es ist der 22. September 2013. Gerade ist klar, dass Merkel wieder Kanzlerin sein wird, die Ergebnisse der Bundestagswahl sind eindeutig. Merkel steht mit ihren Vertrauten auf der Bühne im Konrad-Adenauer-Haus in Berlin und wird bejubelt. Es läuft *An Tagen wie diesen* von den Toten Hosen, eine billig-pathetische Stadionhymne, und die Stimmung ist ausgelassen. Von hinten steckt jemand Hermann Gröhe eine kleine Deutschlandflagge zu. Gröhe beginnt ein wenig dumpf die Fahne zu schwenken. Plötzlich steht Merkel vor ihm, entreißt ihm die Fahne und blickt ihn mit einem strafenden Blick an. »Hermann, also wirklich, so was macht man doch nicht!«, sagt ihr Blick. Danach klatschen alle wieder freudig. Eine bemerkenswerte Szene, die auf *YouTube* für die Ewigkeit festgehalten wurde: Das Video wurde mehrfach hochgeladen, die Klickzahlen liegen jeweils im hohen Bereich der Zehntausender. Eine Szene, die Nationalisten wütend macht und bei Linken Sympathie erzeugt.

Und tatsächlich bleibt zunächst Verwunderung: Merkel, die ein unverkrampftes Verhältnis zur Nation forderte, die deutsche Interesse in der internationalen Politik vertreten hat, wie es sich seit 1945 eigentlich kein_e Politiker_in getraut hat, findet das mit den Fähnchen eigentlich nicht gut? Beim zweiten Blick jedoch wird klar, dass das für Merkel kein Widerspruch ist – im Gegenteil. Merkels pragmatisch-nüchterner Führungsstil lässt sie als Managerin der Bundesrepublik auftreten. Sie ist darauf bedacht, den deutschen

Staat ideal zu positionieren. Sie ist in diesem Sinne eine postdemokratische Nationalstaatsmanagerin, ohne Pathos und Vision, ohne dramatische Gesten. Denn Drama erzeugt starke Emotionen, und die sind Merkel suspekt. Große Menschenmassen machen ihr tendenziell eher Angst, weil sie schwer zu kontrollieren sind. Deutschland, ihre Heimat, soll aus ganz rationalen Gründen gemocht werden und gut dastehen.

Merkel mag also Deutschland, mag die BRD in ihrer demokratisch-bürgerlichen Verfasstheit, sie mag das unaufgeregte Deutschland, das bedachte und bescheidene. Die Interessen dieses Deutschlands hat sie in den letzten Jahren auf eine Art vertreten, wie es lange nicht für möglich gehalten worden war und auch ein wenig unanständig ist. Nicht zuletzt handelte sie im deutschen Sinne auf dem Rücken der restlichen europäischen Staaten. Dabei trieb sie keine Großmachtphantasie, keine Vision von der Übermacht Deutschlands, kein rassistisches Motiv und auch keine Abschottungspanik. Denn das wäre nicht ihr Deutschland, nicht ihre Bundesrepublik, oder wie sie es ausdrückte: »Dann ist das nicht mein Land.«[46]

FUSSBALL

Selbst nicht sonderlich von der Sportlust getrieben – sie kokettiert gerne mit ihren schlechten sportlichen Leistungen –, sind die Jubelbilder Merkels bei Spielen der deutschen Fußballnationalmannschaft der Männer fast schon legendär. Mittlerweile scheinen sich die Deutschen und die Journalisten daran gewöhnt zu haben, dass die Kanzlerin im Stadion »in Ekstase gerät«[47]. Das war während des partypatriotischen Erweckungserlebnisses von 2006 noch nicht so. Die WM im eigenen Land. In Deutschland. Den Titel vor Augen. Merkel ist zu dem Zeitpunkt ein Jahr Kanzlerin. Im *Stern* steht: »Der Ball, die Frau, sie passen einfach nicht zusammen.«[48] Sie meinen Merkel. Die Journalisten rätseln und vermuten. Klar muss eine Kanzlerin den Volkssport Nummer 1 gut finden, da hat sie keine Wahl. Sie macht es also aus taktischen Gründen, damit das Volk sie mag. Weltmeister wird Italien.

Merkel aber sitzt auch bei jedem weiteren Turnier auf der Stadiontribüne, lässt sich mit einem halb nackten Mesut Özil ablichten, gibt, nach Auskunft von Bastian Schweinsteiger, Anweisungen. »Sie hat mir gesagt, dass ich nicht wieder so eine Dummheit tun soll. Und sie hat gesagt, ich soll wieder so spielen wie damals. [...] Wenn die Bundeskanzlerin etwas sagt, dann muss man es tun.«[49] Schweinsteiger hatte eine Rote Karte bei der EM 2012 kassiert. Die Kanzlerin ermutigte ihn, an sich zu glauben. Ganz die Mutter. Oder, wie es Moritz Rinke interpretierte, der größte Fan. Merkel und Schweinsteiger setzte er literarisch ein Denkmal – in Form von Liebesbriefen der Kanzlerin an ihren Basti, das »Kanzleramt« der Fußballer: »Bei Dir laufen alle Fäden zusammen.«[50]

Merkel jubelt, zittert, leidet auf der Tribüne. Und zum WM-Sieg 2014 dann der Höhepunkt: Sie steht zwischen den in der Kabine zum Gruppenbild arrangierten grölenden, halb nackten Weltmeistern, die gerade den größten Erfolg ihrer Karriere feiern und die nächsten Stunden nicht nüchtern sein werden. Sonst steht sie zwischen drögen Staatsmännern, jetzt zwischen einer Horde junger Männer. Ihr rotes Jacket und die weiße Hose sind auf die Trikots der Spieler abgestimmt. Das Ganze hat was verstörend Sexuelles. Sie sieht glücklich aus.

Wenn Frauen Fußball mögen, ist das immer noch ein Politikum. Es existieren zahlreiche Theorien, warum Frauen angeblich Fußball mögen – nur der offensichtlichste scheint der Menschheit immer noch selten einzufallen: Sie mögen einfach Fußball. Sie gehen gerne ins Stadion, finden Spielzüge und verschiedene

Taktiken spannend, interessieren sich für Vereinspolitik, für Spielertransfers, müssen gähnen bei der Frage, ob sie wissen, was Abseits ist, spielen sogar manchmal selbst und gewinnen vielleicht eins, zwei, drei, vier, fünf Turniere hintereinander.

Dennoch bleibt die Verbindung von Fußball und Frauen für viele immer noch ein Faszinosum. Frauen, die Fußball mögen, stehen schnell im Verdacht, es wegen ihres Partners zu tun oder, falls das nicht der Fall sein sollte, lesbisch zu sein. Zumindest gilt es als unwahrscheinlich, dass eine Frau ohne geheime Agenda, die in irgendeiner Weise mit einem Mann verbunden ist, Fußball mag, ja sogar genießt.

Auf Nachfrage sagt Merkel, dass sie Fußball immer schon gemocht habe. 1974 verfolgte sie in Leipzig die DDR-Auswahl um den legendären Jürgen Sparwasser. 1996 saß sie in Bonn in einer Kneipe und bejubelte die gewonnene Europameisterschaft. Da war sie Ministerin. Als sie noch nicht Kanzlerin gewesen sei, habe es nur niemanden interessiert, dass sie Fußball gut finde, sagt sie. Ihr Mann dagegen mag Fußball nicht, er hält es vielmehr für eine »äußerst überflüssige Angelegenheit vor sich hin pubertierender Jungmänner«.[51] Damit entsprechen die beiden einem durchaus verbreiteten Phänomen: Frauen, die Fußball mögen und mit Männern liiert sind, die Fußball gar nicht mögen. Ein Distinktionsmerkmal neuer Güte, der Kampf um den Kampf auf dem grünen Rasen, die angenehme Seite des Durchbrechens der gläsernen Decke. Merkel unterstützt auch die Frauenfußballnationalmannschaft. Sie weiß, wie hart es ist, sich in einem von Männern dominierten Business durchzusetzen.

Vielleicht mag sie auch Fußball wegen der Konkurrenz, des Zweikampfs, der Taktik, der Strategie, der direkten Ergebnisse – abhängig von Glück, von Zufall. Zudem ist Fußball mehr als die Summe von 22 Spieler_innen, zwei Toren, einem Ball und 3 Schiedsrichter_innen. Fußball bedeutet immer auch Freundschaft, schließt Männlichkeitsrituale mit ein, Heimatverbundenheit, Bier – also all das, was eine Frau mindestens ertragen können muss, um in der deutschen Politik zu bestehen. Insbesondere da diese oft immer noch im Bierzelt gemacht wird. Fußball ist eine Möglichkeit, mit Männern zu kommunizieren – und deswegen für Frauen, die sich beruflich in einer Männerdomäne aufhalten, wichtig. Auch die Absprachen, die bei einem gemeinsamen Fußballerlebnis getroffen werden, sind nicht uninteressant.

Nicht zuletzt kann Fußball auch eine Metapher auf das Leben sein, so wie bei Albert Camus, der über Fußball schrieb, dass er ihm alle Erkenntnisse über Moral und menschliche Verpflichtungen verdanke. Camus schrieb auch, dass der Ball nie so auf einen zukomme, wie man es erwarte. Eine Philosophie, die sich in der flexiblen Politik Merkels oft widerspiegelt.

Alle Kanzler vor Merkel bemühten sich, den Fußballdeutschen zu gefallen. Merkel hat es letztlich, wie so oft, mit Bravour geschafft, während die meisten Kanzler vor ihr tatsächlich bemüht bis peinlich wirkten. Da passt es auch, dass es mit der Nationalmannschaft bergauf geht, seit Merkels Kanzlerinnenschaft. Merkel mag Jürgen Klinsmann.[52] Jogi Löw mag sie auch, glaubt man den Bildern und Berichten. Der Jürgen und der Jogi entsprechen auf ihre Art Merkels eigenem Denken und ihren Idealen: Sie sind geerdet, fleißig, zurückhaltend, durchsetzungsstark und bereit, ein Risiko einzugehen. Wir erinnern uns an die nationale Häme, als Klinsmann vor der WM 2006 die Mannschaft mit Gummibändern in der Hocke über den Platz watscheln ließ. Aber Klinsmann behielt recht. An der Seite von Oliver Bierhoff, Matthias Sammer und Jogi Löw veränderte er den DFB und legte den Grundstein für die kommenden Erfolge. So wie es Merkel mit der CDU tat und immer noch tut. Nur dass sie gewissermaßen Klinsi, Bierhoff, Jogi und Sammer in Personalunion zu sein scheint. Dabei ist Fußball auch ein Mannschaftssport. Eigentlich legt Merkel darauf viel Wert. Auch wenn es oft nicht so wirkt, angesichts einer Reihe dahingeraffter Mitstreiter und Konkurrenten. Aber Merkel weiß, dass sie nicht alleine regieren kann, dass sie Zuspruch und Zusammenarbeit braucht. Sie weiß, dass Politik nur gemeinsam zu schaffen ist. Vielleicht ist sie auch gar nicht der Trainer, sondern der Libero, diese sagenumwobene Spielfigur, die es eigentlich nicht mehr gibt, die aber Merkel für die Politik erfolgreich aus der Mottenkiste geholt hat: das Spiel aus der Tiefe heraus kontrollieren, immer bereit, der Game Changer zu sein.

Nicht zuletzt ist Fußball auch ein wichtiger Wirtschaftszweig. Eine Kanzlerin kann es sich nicht leisten, Fußball nicht gut zu finden, zu ignorieren oder gar abzulehnen. Dass Merkel Fußball tatsächlich mag, ist ihr Glück – und eine unbezahlbare Waffe im mediendemokratischen Beliebtheitswettbewerb. Denn beim Fußball kann Merkel die Seiten zeigen, die sie sonst nur im privaten Kreis zeigen kann: aufbrausend sein, emotional, außerhalb des Protokolls. Das nutzt ihr politisch. Auch wenn sie eigentlich nur eine Frau ist, die Fußball mag. So absurd das auch klingen mag.

BERLIN

Wenn man in Templin aufgewachsen ist, dann ist
Berlin *die* große Stadt. So auch für Merkel. Die Stadt,
in der ihre Großmutter väterlicherseits lebte, die sie
in den Schulferien besuchte, wo es immer ein wenig
mehr Freiheiten gab, Kinos, viele Menschen, viel Aufregung. Ihr Lieblingsfilm *Die Legende von Paul und Paula*,
einer der bekanntesten und erfolgreichsten Filme der
DDR überhaupt, entstanden 1973, spielt in Berlin. Dennoch zog es sie nach dem Studium erst mal nicht in
die Hauptstadt der DDR, sondern nach Leipzig. Erst
nach dem Studium zog sie mit ihrem ersten Mann
in die geteilte Stadt. Sie genoss die kulturelle Vielfalt,
die Großstadt, lebte aber ansonsten nicht auf großem
Fuß. Zumindest empfand ihr Vater das so, dem ihr Leben in Berlin Anlass zur Sorge gab. Als er ihre kleine
Wohnung im Prenzlauer Berg einmal besuchte, sagte
er, dass sie es ja nicht sonderlich weit gebracht habe. Es
war ihr 30. Geburtstag.[53]

Berlin, die alte neue Hauptstadt, die Stadt, die wie
kaum eine andere deutsche Stadt geprägt ist von der
jüngsten Weltgeschichte. Dieser an allen Ecken von

Geschichte überlaufende Ort wurde Merkels Zuhause. Hier begann ihre politische Karriere. Hier wurde ihr Partner Joachim Sauer nach der Wende Professor an der Humboldt-Universität. Hier blieb ihr Lebensmittelpunkt, auch als sie Ministerin in Bonn war.

In Berlin ereignete sich auch ihr erster großer Erfolg auf internationalem Parkett. 1995 fand unter ihrer Gastgeberinnenschaft die erste UN-Klimakonferenz statt. Im Frühjahr trafen sich Vertreter_innen der UN-Staaten in Berlin und sprachen erstmals in der Geschichte gemeinsam über Ozon und CO_2-Ausstoß. Am Ende gab es sogar eine kleine Einigung, an die niemand geglaubt hatte. Der Konferenz folgte das sogenannte »Berliner Mandat« und nicht zuletzt auch das Kyoto-Protokoll. Angela Merkel hatte an dem Erfolg der Konferenz einen Bärenanteil. Mit diplomatischem Geschick, einem Gespür für eine angenehme und produktive Umgebung und einem klugen Zeitmanagement schaffte sie es immer wieder, die Teilnehmer an einen Tisch zu bringen und grundsätzliche Ziele für einen gemeinsamen Klimaschutz zu formulieren. Das Time Magazine nannte Merkel 2007 auch wegen ihres Erfolges in Berlin eine »Heldin der Umwelt«.[54] In Berlin zeigte sich Merkels Talent zur Kompromissfindung und ihre Leidenschaft für internationale Politik das erste Mal. Und auch ihre Entscheidung für den Ausstieg aus der Atomenergie 2011 wirkt unter diesem Gesichtspunkt gar nicht mehr so überraschend.

Mit ihrer Ernennung zur CDU-Generalsekretärin 1998 kam dann auch der offizielle Umzug der Regierung nach Berlin. Die von Bonn geprägten Politiker_innen taten sich damit zunächst ein wenig schwer. Nicht so Angela Merkel. Sie musste ihre Gewohnheiten kaum ändern. Ihre Wohnung in Berlin-Mitte liegt zwischen der Humboldt-Universität und der Museumsinsel. Merkel und Sauer leben dort seit Mitte der neunziger Jahre, als Berlin noch keine Gentrifizierung kannte und sie noch keine Kanzlerin war. Ein Ort, an dem deutlich wird, warum Berlin von so vielen als »Athen an der Spree« bezeichnet wurde, so inmitten der pseudogriechischen Architektur der Museen und Prachtbauten Unter den Linden.

Ihr Lieblingsgrieche dagegen liegt tief im Westen, in einer Seitenstraße des Savignyplatzes in Charlottenburg. Im Cassambalis hat Merkel einen Stammtisch, den der Wirt immer für sie bereithält. Sie isst gerne griechische Buletten.[55] Einer ihrer Stamm-Supermärkte liegt auf der Friedrichstraße, gleich um die Ecke des sogenannten Tränenpalastes. So wurde die Ausreisehalle am Bahnhof Friedrichstraße genannt, wo die Menschen ihre Liebsten in den Westen verabschiedeten. Auch Angela Merkel verabschiedete dort regelmäßig ihre Großmutter aus Hamburg, wie sie bei der Eröffnung des Museums 2011 erzählte.[56] Der Tränenpalast und die Friedrichstraße liegen in Laufweite ihrer Wohnung. Das ist ihr Kiez.

Während diese Gegend Berlins für viele Menschen ein großes Freilichtmuseum ist, ist es für Angela Merkel: Zuhause.

DAHRENDORF

Wenn es einen Denker der Bonner Republik gibt, der deren Mentalität ebenso einfing wie prägte, dann ist es sicherlich Ralf Dahrendorf. Eigentlich Soziologe, forschte, lehrte und stritt der 1929 in Hamburg geborene Deutsch-Brite Zeit seines Lebens für die bürgerliche Demokratie, für die Vernunft und einen »dritten Weg« zwischen Kapitalismus und Kommunismus. Er war einige Zeit Mitglied der FDP und saß für sie im Landtag von Baden-Württemberg – wenn auch nicht lange, sondern nur von 1969 bis 1970. Denn obschon als Liberaler und Vordenker der Liberalen gefeiert, glaubte er an die Notwendigkeit eines Grundeinkommens, an die soziale Marktwirtschaft und an den Wert des Verzichts im Kapitalismus. Alles Vorstellungen, die mit der FDP heute nur noch selten in Verbindung gebracht werden.

Grundlage von Dahrendorfs Denken war die Freiheit ebenso wie der Mut, den »Versuchungen der Unfreiheit«[57] zu widerstehen. Der Schlüssel zu einer freiheitlichen Gesellschaft steckte für Dahrendorf im Aushalten der Widersprüche, die die Moderne mit

sich brachte und die im 20. Jahrhundert blutig ausge-
fochten wurden. Dahrendorf suchte die Gründe für
das Blutvergießen, für den Terror, und fand sie in den
Leidenschaften und Emotionen der Massen. Für seine
Lösungsansätze entscheidend waren: die Tugend, die
Bescheidenheit, die Freiheit, die liberale Demokratie,
der effektive Wohlfahrtsstaat und die bürgerlichen
Grundrechte. Gleichzeitig sah er die Gefahr einer glo-
balisierten Elite und zunehmender Armut, Habgier
und einer Entfremdung von der Demokratie – was alles einen idealen Nährboden bilden könnte für neue
Formen der Unfreiheit, vor denen Dahrendorf so ein-
dringlich warnte. Er stand in bester Tradition der protestantischen Ethik, glaubte an Gerechtigkeit, Besonnenheit, Weisheit.

Dahrendorf war ein Träumer, der keiner sein wollte.
Jemand, der an die Freiheit und die Umsicht der Menschen glaubte, den der Zynismus und die Schwarzma-
lerei von Kommunist_innen ebenso ärgerte wie die
von Konservativen. Der nicht an die Zwänge des Ka-
pitals glaubte, der Freiheit nicht ökonomisch dachte.
Ein Denker, der das Streben nach Reichtum verachtete,
ebenso wie die Eitelkeit. Einer, der auch elitär war, aber
immer Mitgefühl und Anteilnahme zeigte. Wenn es
einen Denker gibt, der Angela Merkels Weltsicht am
nächsten kommt, dann ist es Lord Ralf Dahrendorf.

ZEITGEIST

Als Johann Gottfried Herder über die Münzprägung schrieb und darüber, wie sie den *genius seculi* repräsentiere,[58] war ihm sicherlich nicht bewusst, wie zutreffend und beliebt der Begriff auch 250 Jahr später noch sein würde. Zeitgeist, wie der *genius seculi* heute heißt, ist ein deutsches Wort mit einer bemerkenswerten Karriere: Im Kern soll es bezeichnen, wie der Geist einer Epoche tickt. Also welche Ansichten die Menschen einer Zeit vertreten, welchen Geschmack sie haben, welche Sitten und Werte und letztlich auch welches Recht gilt. Wenn über den Begriff Zeitgeist nachgedacht wird, dann kommt meistens ein Zitat von Goethe ins Spiel: »Wenn eine Seite nun besonders hervortritt, sich der Menge bemächtigt und in dem Grade triumphiert, dass die entgegengesetzte sich in die Enge zurückziehen und für den Augenblick im Stillen verbergen muss, so nennt man jenes Übergewicht den Zeitgeist, der dann auch eine Zeitlang sein Wesen treibt.«[59]

Der Zeitgeist ist der Geist der Zeit. Als Lehnwort im Englischen ist es mittlerweile weltweit bekannt. Ein

Begriff, der genauso unübersetzbar ist wie Merkel, mit ihrer seltsamen Art zu sprechen, mit ihrer Fähigkeit, Menschen immer das zu sagen, was sie bereit sind zu hören, und ihren vagen Sätzen, die Eindeutigkeit verhindern.

Der aktuelle deutsche Zeitgeist ist vom Spätkapitalismus geprägt, vom Internet, von der Kommodifizierung des Ichs, von Globalisierung und kapitalistischer Aussortierung. Der Philosoph Byung-Chul Han fasst diesen Zeitgeist unter den Begriff der Transparenzgesellschaft. Dahinter verbirgt sich der Zwang zur Konformität, zum Nichtauffallen, zur Glattheit. Han kritisiert, dass unser Zeitgeist von zwanghafter Funktionalität dominiert wird, von dem Schutz vor Verletzung, von Gefälligkeit.[60] Han nennt Merkel den Prototyp dieser Gefälligkeitspolitik.

Nach den Kämpfen des 20. Jahrhunderts ist zu Beginn des 21. Jahrhunderts zusätzlich das Zeitalter der Frauen angebrochen. Frauen erobern zunehmend Politik, Kunst und Kultur. Auch wenn es immer noch zutiefst frauenfeindliche Strukturen gibt, an der Spitze wird die Luft für Männer beinahe täglich dünner. Insbesondere konservative und rechte Politik setzt zunehmend auf Frauen: Marine Le Pen vom Front National ist ein berühmtes Beispiel oder auch Frauke Petry von der AfD. Gleichzeitig führen viele Männer verzweifelte Rückzugsgefechte gegen den »bedrohlichen Feminismus«.

Merkel ist, so gesehen, nur der Anfang. Sie hat den Zeitgeist so geprägt, wie dieser sie hervorgebracht hat. Sie verkörpert die deutsche Gesellschaft wie kaum jemand anderes, sie verkörpert das neue Deutschland. Ein pragmatisches Deutschland. Dabei wird gerne übersehen, dass der Zeitgeist eine sehr dunkle Seite hat: Verschwörungstheorien, linke Bauchgefühle, die zu oft antisemitisch sind, und der Glaube vieler Pseudorevolutionäre an das deutsche Volk, an den Kampf des Volkes für die Selbstbestimmung, gegen das Kapital, gegen die Elite. Diese Menschen hassen Merkel für ihren Pragmatismus, für ihren klaren Kopf und ihren Willen zum Realismus. 2015 krachte es anlässlich der Flüchtlingskrise zwischen Merkel und jenen, die den deutschen Volkskörper reinhalten wollen, die Deutschland abschotten wollen. Merkel stellte sich dagegen und löste eine Lawine aus, deren Ausmaß der Verwüstung noch nicht ganz klar ist. Eins steht jedenfalls fest: Merkel weiß, dass es sich nicht gut gegen den Zeitgeist regieren lässt. Er ist die Währung, in der gezahlt wird.

PARTEI

»Die Partei, die Partei, die hat immer recht«, war das Mantra des Staates, in dem Angela Merkel aufgewachsen ist. Ironischerweise schrieb der Verfasser des Liedes – Louis Fürnberg – es eigentlich aus Enttäuschung über die Partei, was einiges über das überbordende Pathos der offiziellen DDR aussagt. Auch die Nationalhymne der DDR ist voll von Pathos für Frieden und Gerechtigkeit. Hanns Eisler, der Komponist, sagte, es müsse ein »sehr würdiger und sehr menschlicher Ton gefunden werden«. Ein Ton, der im Staatssozialismus sicherlich zynisch und ein wenig absurd wirkte. Die Partei als Gewinnerin des historischen Kampfes gegen den Kapitalismus. Darunter machte es der Parteisozialismus nicht.

Wenn man sich Angela Merkel heute so anguckt, liegt die Vermutung nahe, dass sie von dieser staatlichen Gefühlsintensität abgeschreckt gewesen ist. Auch die Oppositionsbewegung und die daraus entstehenden parteilichen Strukturen hatten wenig Anziehungskraft auf sie. Erst mit dem Fall der Mauer wurde der Boden für Parteiformierungen geschaffen, in denen Merkel ihr Glück versuchen wollte. Während ihre Mutter sich der SPD anschloss und ihr Bruder den Grünen, landete Merkel im Prenzlauer Berg beim Demokratischen Aufbruch: Demokratischer Aufbruch – sozial – ökologisch (DA), lautete der vollständige Name. Die Partei verabschiedete sich recht früh von sozialistischen Vorstellungen und setzte auf die Marktwirtschaft. Und während die Journalistin und spätere Schriftstellerin Daniela Dahn aus der Partei austrat, wurde Merkel dort Pressesprecherin.

Sie hatte sich im Berliner Büro als unauffällig, unparteiisch, aber fleißig hervorgetan und so das Vertrauen vieler Mitglieder erworben. Schnell entwickelte sie weitergehende Ambitionen, suchte den Kontakt zur CDU-Führung und zu Helmut Kohl, der ihr im Herbst 1990 vorgestellt wurde. Der Demokratische Aufbruch war kurz zuvor mit der CDU-Ost beigetreten – die Entscheidung, sich der großen Politik anzuschließen, sich zu professionalisieren, war gefallen. Kohl hatte früh erkannt, dass unter den neuen politischen Gruppierungen, die sich in Berlin fanden, neue CDU-Mitglieder zu finden waren. Glaube verbindet immer und überall, so das Motto. Die christliche Opposition würde sich den herrschenden Christdemokraten sicherlich anschließen, so die Hoffnung. Im Glauben vereint und zusammen politisch arbeiten. Merkel fiel es tatsächlich nicht schwer, sich der CDU anzuschließen: Ein religiös-kirchliches Umfeld war ihr vertraut gewesen. Und die CDU wirkte im Vergleich zur SED wahrscheinlich wie ein unpathetischer Haufen rheinländischer Provinzpolitiker. Überschaubar. Pragmatisch. Westlich. Trotzdem war es keine Liebe auf den ersten Blick. Im Gegenteil gibt es die Überlieferung, Merkel solle einmal gesagt haben, sie gehe niemals zur CDU – kurz bevor sie den Demokratischen Aufbruch in die CDU eingliedern wollte. Ihr opportunistischer Pragmatismus und die sich bietende Machtoption ließen sie die Bedenken jedoch offenbar schnell vergessen.

1991 wird Merkel dann CDU-Ministerin im Kabinett Kohl, der weitere Werdegang ist bekannt. Eine Bilderbuchkarriere. Wenn alte Weggefährten sich zu Merkel äußern, dann sagen sie, sie hätten eher erwartet, dass Merkel zu den Grünen gehe. Die Feminismuspartei. Die Friedenspartei. Die Anti-Atompartei. Die Koalitionsüberlegungen zu Schwarz-Grün und alle Versuche, die Debatten darüber schnell abzutun, erscheinen unter diesem Gesichtspunkt ein wenig in anderem Licht. Merkel begriff recht schnell, wie Macht in der Parteiendemokratie funktioniert, und etablierte sich in dieser Stück für Stück. Sie sicherte sich einen Landesverband, Mecklenburg-Vorpommern, und kandidierte für den Bundestag in einem Wahlkreis am Meer: Rügen. Oder wie der Wahlkreis offiziell heißt: Vorpommern-Rügen – Vorpommern-Greifswald I. Was in ihrer Heimatstadt Templin in der brandenburgischen

Uckermark teils Erstaunen, teils Unmut hervorrief, war parteipolitisch der richtige Kurs. Merkel sicherte ihren Machtanspruch weiter ab, indem sie die verschiedenen Strömungen in der CDU genau studierte und Anknüpfungspunkte suchte. Sie suchte sich gezielt Leute in der Partei, die in der Partei gut vernetzt und in wichtigen Funktionen waren. Annette Schavan als Vertreterin des katholischen Flügels ist ein prominentes Beispiel.

Als sich mit dem Spendenskandal Ende der neunziger Jahre für Merkel das Fenster öffnete, um die Partei fortan zu führen – oder zu leiten, wie sie es eher nennen würde –, verstand sie schnell, dass die CDU sich verändern musste. Urbaner, jünger, offen für Religionen abseits des Christentums und vor allem: attraktiver für junge, urbane und doch konservative Frauen. Einer ihrer Weggefährten soll ihr Anfang der 2000er gesagt haben, dass sie auf die jungen, konservativen Frauen setzen solle. 15 Jahre später ist »Merkel-CDU« zum Synonym für eine »sozialdemokratisierte« CDU geworden. Eine soziale, eine links ausgerichtete CDU.

Viele sind von Merkel enttäuscht. Die Fischer in Lobbe, dem kleinen Ort auf Rügen, wo Merkel 1990 ihren ersten Wahlkampf absolvierte und Merkelchen genannt wird, die Erzkonservativen sind es auch, die Katholik_innen ein wenig und die Vertriebenen sowieso. Merkel steht inzwischen länger an der Spitze der CDU als Konrad Adenauer und alle anderen Vorsitzenden außer Helmut Kohl, und es stellt sich vielerorts Ermüdung ein. Mit der Schwesterpartei CSU trägt sie von Jahr zu Jahr schwerere Gefechte aus. Und auch wenn Merkel ihre Partei teilweise abgehängt hat, hat sie dafür neue Wähler_innengruppen erschlossen. Noch gibt ihr der Erfolg recht. Für einen Machterhalt jeden Preis zu zahlen, würde dann aber doch ein bisschen an die SED erinnern …

FREIHEIT

Es gibt eine Parteitagsrede Merkels, die als legendär gilt. Das mag daran liegen, dass sie aus dem Jahr 2003 stammt und entsprechend lange genug her ist, um ihr diesen Status zu verleihen. Es mag aber auch daran liegen, dass die Rede auf dem Parteitag in Leipzig definiert hat, wo Merkel eigentlich politisch steht, wofür sie steht. Diese Rede gilt als ihre Rede der Freiheit. Sie holt weit aus: »8. Mai 1945, 17. Juni 1953, Frühjahr bzw. August 1968, 9. November 1989: markante Daten unserer Geschichte. Niederlage und Befreiung, Volksaufstand, Studentenproteste, aber auch der Einmarsch sowjetischer Panzer in Prag, Mauerfall, Freiheit, Einheit.«[61]

Nach dem Mauerfall steht bei Merkel immer die Freiheit. Die westliche Freiheit, in der sie sich entfalten konnte. Diese Freiheit zieht sich durch das politische Denken Merkels.

Dabei kommt das Wort Freiheit in der Rede auf dem Parteitag in Leipzig insgesamt nur fünf Mal vor. Und dennoch definiert Merkel ihren Freiheitsbegriff umfassend. Nur, ohne ihn zu nennen. Das macht sie oft.

Wahrscheinlich ist das auch der Grund, warum sie selbst zwar sagt, dass Freiheit ihr politisches Leitmotiv ist, aber fast niemand anderes das so sagen würde. Merkel steht für die Freiheit ein? Wie jetzt? Das ist ihr Antrieb? Interessant.

Merkels Freiheitsverständnis ist ein liberales. Sie definiert Freiheit über Wirtschaftswachstum, über Arbeit. »Eigenes Geld zu verdienen und darüber verfügen zu können – das ist ein ganz wichtiger Teil persönlicher Freiheit.«[62] Das sind die Sätze, die sie der *Bild* diktiert, die aber letztlich auch in ihren politischen Reden zu finden sind. Ihr Freiheitsbegriff basiert auf einem Staat, der im Notfall hilft, der aber vor allem faire Arbeit schafft. »Die Menschen müssen Arbeit haben. Der Staat muss denen helfen, die Hilfe brauchen. Aber jedem, der aus eigener Kraft leben kann, sollte diese Chance gegeben werden.«[63] Merkel steht nicht für einen Nachtwächterstaat bzw. Minimalstaat, sie will Freiheit *und* Solidarität. »Ich möchte die Freiheit um keinen Preis missen. Und ich will eine Freiheit, die möglichst vielen soziale Sicherheit bietet.«[64] Merkel klammert die sozialen Missstände kapitalistischer Produktion nicht komplett aus, sie setzt den Staat vielmehr regulierend dagegen. Deswegen wird sie wohl auch so häufig aus unterschiedlichen Richtungen als »Sozialdemokratin« beschimpft. Dabei vertritt sie lediglich den Freiheitsbegriff der alten Bundesrepublik: soziale Marktwirtschaft plus breite

Mittelschicht gleich »wehrhafte Demokratie«. Marktwirtschaft und der Sozialstaat ergeben Wohlstand, Freiheit und Gerechtigkeit – und letztlich Frieden. Das ist ihre unumstößliche Formel.

»Die CDU ist die Partei der Freiheit, die CDU ist die Partei der Solidarität, und, liebe Freunde, die CDU ist auch die Partei der Gerechtigkeit. […] Wachstum ist nicht alles, das ist wahr. Aber ohne Wachstum ist alles nichts. Ohne Wachstum keine Arbeitsplätze; ohne Wachstum keine Sanierung der sozialen Sicherungssysteme; ohne Wachstum sinkender Wohlstand; ohne Wachstum werden mehr und mehr Menschen auf der Strecke bleiben«, heißt es in der Rede von Leipzig. Natürlich bleibt sie in ihren Ausführungen so vage wie nötig, wenn sie sagt »Was das heute bedeutet, haben Jürgen Rüttgers, Christoph Böhr und Annette Schavan in der Präambel zu unserem Leitantrag zusammengefasst.« Wie dieser Wohlstand aber konkret erreicht werden soll, lässt sich wohl am besten aus diesem Zitat herauslesen: »Deutschland soll bei wirtschaftlichem Wachstum, öffentlichen und privaten Investitionen, bei der Bekämpfung offener und verdeckter Arbeitslosigkeit, bei Qualität von Bildung und Ausbildung in zehn Jahren wieder auf einem der ersten drei Plätze in Europa stehen.«[65]

In den letzten Jahren ist zu Merkels Freiheitsbegriff des relativen Wohlstands noch stärker die Freiheit des Westens und die damit verbundenen bürgerlichen

Freiheitsrechte hinzugekommen. Während Merkel 2003 in Leipzig noch die neoliberale Wende mit Blick auf Wachstum vorantrieb, ist diese 2016 längst umgesetzt. Doch ihre damaligen Rechnungen gehen nicht auf: Der Wohlstand der Nationalstaaten wächst nicht unendlich, Nationalstaaten als Ordnungsprinzip stoßen an ihre Grenzen, wie sich in der ewigen Bürokratieschlacht um die Europäische Union zeigt. Aus der Absicherung des Wohlstands wird Protektionismus, der in Deutschland zunehmend gefordert und zelebriert wird. Ein fruchtbarer Nährboden für die Ausbreitung von Rassismus und Antisemitismus. Aus einem europäischen Europa wird ein Europa der nationalen Sozialdemokratien – auf Kosten des Rests der Welt. Merkel hat mit ihrer Politik der relativen Freiheit für Deutsche ein Klima geschaffen, das sie heute selbst erschrecken dürfte: regressive Ressentiments, Besitzstandswahrung, German Angst und Menschenverachtung. Das ist alles, nur nicht freiheitlich.

PFARRERSTOCHTER

Dass Angela Merkels Vater evangelischer Pfarrer im Sozialismus war, ist hinlänglich bekannt. Dass Merkels Vater irgendwann als »roter Pfarrer« galt und sehr gut in der DDR integriert war, ist schon weniger bekannt. Und beinahe unbeachtet ist Merkels generelles Verhältnis zum Protestantismus. Dabei hat sie sich nicht nur stets in den Bahnen der Kirche bewegt, sie hat ihre Verbindung zur evangelischen Kirche nie wirklich abreißen lassen.

Dem christlichen *Pro Medienmagazin* sagte sie beispielsweise: »Ich bin Mitglied der evangelischen Kirche, ich glaube an Gott, und die Religion ist mein ständiger Begleiter in meinem Leben gewesen.«[66] Es mag ihrer üblichen Art geschuldet sein, dass sie dem jeweiligen Publikum das sagt, was es hören will, es mag aber auch einfach aufrichtig sein, dass Merkel sich mit dem protestantischen Glauben, dem Geist des Kapitalismus und Luthers identifizieren kann. In dem Interview sagte sie auch, dass die Reformation »das Verständnis der zur Freiheit berufenen, mündigen, selbst- und mitverantwortlichen Menschen« beeinflusst habe. Die

Moderne und der Kapitalismus sind fest mit dem Individuum verbunden, und Merkel glaubt an den Segen dieser Entwicklung.

Natürlich war ihr Verhältnis zur Kirche so kompliziert, wie es das Verhältnis zum Vater war. Denn so wie sie die ambitionierten Erwartungen des Vaters immer brav erfüllen wollte, litt sie unter seiner unterkühlten Art. Er legte Wert auf harte Arbeit und war zu sich sogar immer noch mal härter als zu anderen.[67] Ein wesentliches Motiv protestantischer Leistungsethik: Sei hart zu anderen und noch härter zu dir, damit du Gott gefällst.

Überhaupt: Die protestantische Ethik spielt im Leben Angela Merkels eine große Rolle. Harte Arbeit, Askese, Selbstbeherrschung, Tüchtigkeit, Frömmigkeit und Pragmatismus sind die Begriffe, die Merkels Kerntugenden ebenso gut beschreiben wie die der protestantischen Ethik, aus der heraus der Kapitalismus entstand, wie es Max Weber eindrucksvoll aufgezeigt hat. Wesentlich für den Protestantismus ist – wie für Merkel – das Handeln im Hier und Jetzt und der weltliche Erfolg als Legitimation des eigenen Tuns. Politisch gesehen hat sich ihr Protestantismus vor allem in der Austeritätspolitik gezeigt, die sie in Europa durchgedrückt hat: Wider jede ökonomische Räson wurde eine Form der protestantischen Askese auf ganze Nationalwirtschaften übertragen. Das kam in Deutschland, dem Land des Protestantismus, gut an und entsprach sowohl Merkels eigenem Glauben als auch dem Zeitgeist. Bezeichnenderweise traf die Austeritätspolitik vor allem katholisch geprägte Länder: Basiert der innereuropäische Konflikt doch noch mehr auf religiösen Differenzen, als wir gemeinhin annehmen?

Vielleicht ist Merkel die neue Mutti des Protestantismus, vielleicht ist die Raute auch ein geheimes Dreifaltigkeitssymbol. Zumindest würde sich so ihr gespaltenes Verhältnis zur stark katholisch geprägten Bierzeltpartei aus Bayern noch einmal ein wenig besser erklären.

VATERMORD

Es war der 22. Dezember 1999, kurz vor der Jahrtausendwende, kurz vor Weihnachten. Die Ära Kohl drohte trotz der Spendenaffäre und der verlorenen Wahl 1998 nicht zu enden, sie wurde vielmehr zur fundamentalen Bedrohung für die CDU. Kohl stellte sich gegen das Wohl der Partei, drehte regelrecht frei und stimmte sich wenig mit der neuen Führungsspitze ab. Dennoch folgten ihm immer noch viel zu große Teile der Partei so blind wie stoisch. Merkel musste dem ein Ende setzen, den politischen Ziehvater beseitigen und ihre eigene Karriere als Chefaufklärerin und personifizierter Neuanfang beginnen. Schließlich wählte sie einen Artikel in der *Frankfurter Allgemeinen Zeitung* als Waffe. »Die von Kohl eingeräumten Vorgänge haben der Partei Schaden zugefügt« – mit diesen Worten ermordete sie den politischen Papa.[68] Kohl selbst hätte es vermutlich in einer ähnlichen Lage nicht anders gemacht. Es galt nichts Geringeres, als die Partei zu retten.

Als Rettung haben es die wenigsten interpretiert. Getrud Höhler widmet 2012 dem politischen Mord an Kohl gefühlt endlose Seiten in ihrem Buch *Die Patin*, kämpft heroisch für den guten Ruf des Kanzlers der Wiedervereinigung – sie stilisiert Merkel zur kaltblütigen Politmörderin, zur Mafiabossin. Zwischen diesen Anflügen paranoider Politikbewertung analysiert sie jedoch recht treffend, dass es die Tochter war, die den Vatermord durchführte – und nicht die Söhne, die, gesättigt, feige und auch ein wenig zu tief in den Spendenskandal involviert, die Schwester vorschickten. Die Schwester, die sie all die Jahre belächelt hatten, die in den Spendenskandal nicht involviert war, die den unliebsamen alten Kohl loswerden sollte.

Vatermord. Die Menschheitsgeschichte ist durchzogen vom Vatermord, real wie ideell. Sigmund Freud prägte unser heutiges Verständnis des Vatermords. In *Totem und Tabu* analysiert Freud den Urmord am Vater, den die Söhne in der Konkurrenz um die Frauen begehen. Aus dieser Darstellung menschlichen Urverhaltens wird in der Psychoanalyse ein emotionaler Kampf, der wesentlich darüber entscheidet, ob die Menschen »Neurotiker« werden, wie es bei Freud heißt, oder nicht. Menschen mit einem gestörten Verhältnis zum Vater landen also auf der Couch. Der Vatermord wird so zum emotionalen Endkampf – zum Befreiungsschlag. In Sylvia Plaths berühmtem Gedicht *Daddy* drückt sich das in einer geschickten Nutzung des Present Perfect aus:[69]

Daddy, I have had to kill you
You died before I had time.

Das Ich bei Plath, der Meisterin introspektiver Psy-
cholyrik, muss seinen Vater immer und immer wieder
töten, auch wenn er physisch bereits tot ist. Der Vater
ist so mehr als nur der Erzeuger, er repräsentiert eine
immerwährende Autorität, Gott. Bei Plath ist die Auseinandersetzung mit dem deutschen Vater auch eine
Auseinandersetzung mit dem Holocaust, eine Eman-
zipationsgeschichte vom Schatten des Vaters, vom
Schatten gesellschaftlicher Autorität, insbesondere für
eine Frau. Freuds »Vatersehnsucht« wird bei Plath vor
allem weiblich interpretiert:

Every woman adores a Fascist,
The boot in the faces, the brute
Brute heart of a brute like you.

Die Vatersehnsucht kann so letztlich auch als Form
von Ehrgeiz und Ambition interpretiert werden. Die
Sehnsucht danach, selbst auch autoritär und mächtig, gottgleich zu sein. Insbesondere für eine Frau eine
sündige, verwegene Sehnsucht.

Angela Merkel hatte diese Sehnsucht im Laufe ihrer
politischen Karriere immer wieder. Stets arbeitete sie
eng mit Männern zusammen, war oft die Assistentin,
die Stellvertreterin, das Mädchen. Und irgendwann

dann, wenn die Vatersehnsucht Erfolg bescherte, wenn der Vater stolz sein konnte, ermordete sie die Väter, ließ sie fallen, überholte sie. So wurde der Vatermord zu einer Konstanten in der politischen Biographie Angela Merkels.

Den ersten Vatermord, nach der Emanzipation vom echten Vater, verübte sie an Günther Krause, der Merkel zu Beginn der neunziger Jahre gefördert hatte, den sie aber dann fallen ließ, als er wegen verschiedener Affären von seinem Ministerposten zurücktreten musste. »Sie ist eine nette junge Frau, die dir sofort in den Hintern tritt, wenn du dich umdrehst«, sagte Krause im März 2000 dem *Spiegel*.[70]

Kohl war der Nächste. Und auch Schäuble lässt sich darunter subsumieren. Schäuble machte Merkel zur CDU-Generalsekretärin und musste sich dann von ihr politisch überholen lassen – während Schäuble nur wenige Monate Vorsitzender der CDU war, wurde Merkel 2000 Vorsitzende und wird es wahrscheinlich auch noch ein bisschen bleiben. Schäuble fand sich mit seinem Schicksal ab und ist mittlerweile treuer Soldat an der Merkelfront. Ob er sich an einem Muttermord beteiligen wird, steht noch aus. Aber vielleicht ist das auch eine von Merkels großen Leistungen: Der Muttermord wird plötzlich denkbar.

BONN

Die Pizzeria befindet sich in einem alten Fachwerk-
haus in Bonn-Kessenich. Sie ist knallrot, und am Ende
des Biergartens befinden sich Wohnhäuser, die ein
wenig an kleine Hexenhäuser erinnern. Häuschen
mit der Grundfläche einer 2-Zimmer-Wohnung. Kessenich hat einen eigenen Ortskern, abseits der Bonner
Innenstadt. Es ist alles für das tägliche Leben vorhanden, und die Anbindung an den öffentlichen Nahver-
kehr ist gut. Als Bonn noch Regierungssitz war und
Hauptstadt, auch wenn man es zur Zeit der Teilung
Deutschlands nicht so nennen wollte, war Kessenich
das Verbindungsstück zwischen Bad Godesberg und
der Bonner Innenstadt.

In dieser Pizzeria in Kessenich trafen sich am 1. Juni
1995 junge Politiker_innen der CDU und der Grünen.
In einem abgeschotteten Kellerraum des Ristorante
Sassella, wie der berühmt gewordene Italiener heißt.
Ein Tabubruch. Der Name »Pizza-Connection« geht
ursprünglich auf einen Kritiker der Runde der circa
zwanzig bis dreißig jungen Politiker_innen zurück:
Der CSU-Abgeordnete Bernd Protzner sagte nach

Bekanntwerden der Verbindung: »Wir werden die Pizza-Connection aufmerksam beobachten.«[71] Für viele Konservative in der Union war der schwarz-grüne Austausch ein mafiöser, ein fast schon krimineller Akt. Pizza gab es bei den Treffen de facto nicht.

Merkel saß an diesem Donnerstag nicht am Tisch, sondern sehr wahrscheinlich in ihren Ministeriumsräumen wenige Kilometer südlich des Nobelitalieners. Vielleicht saß sie auch in ihrer 70 Quadratmeter großen Erdgeschosswohnung in der Elfstraße in Bonn-Muffendorf, noch weiter im Süden Bonns. Seit Oktober 1990 lebte sie dort, zog zu ihrem Dienstantritt als Ministerialrätin im Bundespresseamt ins Rheinland. Wenige Wochen nach der Wiedervereinigung wurde sie Jugend- und Frauenministerin.

Die Bonner Republik hatte nicht viel übrig für ambitionierte Frauen. Sexismus und Belästigung, Abwertung und Machtspiele waren an der Tagesordnung. Ursula Kosser hat das in ihrem Buch *Hammelsprünge* gut ausgeleuchtet.[72] Der Umgang mit der jungen Ministerin Merkel, »Kohls Mädchen«, wie sie genannt wurde, unterschied sich davon nicht – Merkel wurde zu Beginn ihrer Karriere kritisch beäugt und bei jeder sich bietenden Gelegenheit in ihre Schranken gewiesen. Entsprechend zurückhaltend und öffentlichkeitsscheu gab sich die junge Spitzenpolitikerin mit der Turbokarriere. Sie hielt sich als Ministerin aus vielen Dingen, die sie nicht betrafen, einfach heraus. Mit einer gehörigen Portion Selbstschutz manövrierte sie sich clever acht Jahre durch die Bonner Republik, deren Gepflogenheiten – beispielsweise der Karneval – ihr so gar nicht lagen. Sie pendelte überdies regelmäßig zu ihrem Lebensgefährten Joachim Sauer, den sie nach dem Umzug nach Berlin und der verlorenen Bundestagswahl der CDU 1998 heiraten sollte.

Als sich nun die interfraktionellen Rebellen von Schwarz und Grün in Kessenich bei Wein und italienischen Speisen zum inszenierten Tabubruch und der Frage einer perspektivischen Kooperation trafen, saß Angela Merkel, wie bereits gesagt, nicht mit am Tisch. Doch bei einem Blick auf die Liste derer, die dabei waren, wird sofort deutlich: Die Pizza-Connection ist nicht nur die Grundlage späterer schwarz-grüner Koalitionsflirts gewesen, sondern auch das Rekrutierungsbecken Merkels und der Merkel-CDU. Hermann Gröhe, Armin Laschet, Andreas Krautscheid, Norbert Röttgen, Peter Altmaier, Ronald Pofalla, Andreas Storm, Eckart von Klaeden, Thomas Rachel, Julia Klöckner und Kristina Schröder vertraten u. a. die CDU. Allesamt heutige und ehemalige Minister_innen, Mitarbeiter der Merkel-Vertrauten Schavan im Bildungsministerium, Berater und Weggefährten – einige, wie Pofalla und Röttgen, mussten mittlerweile gehen, waren aber über Jahre hinweg treue Begleiter der Kanzlerin. Auf Seite der Grünen nahmen Leute wie Katrin Göring-Eckardt und Volker Beck teil, die immer wieder (trotz Kritik) bis zum heutigen Tag mit warmen Worten und Unterstützung für die Kanzlerin auffallen. Denn obwohl die Pizza-Connection ein Teil der Bonner Jahre ist und nach dem Umzug nach Berlin nicht mehr lange Bestand hatte, sind die damals geschlossenen Verbindungen, das gute Essen und die langen Gespräche bis heute die Grundlage von Sympathien. Auf Twitter folgen sich die Protagonist_innen alle fleißig gegenseitig. Die Pizza-Connection ist zwar ganz offensichtlich eine von Merkels Machtbasen, aber darüber reden tun die wenigsten. Angesichts dessen passt es, dass auch die Bonner Zeit Merkels mehr oder minder im Dunkeln liegt. So gesehen hatte Bernd Protzner mit seiner polemischen Bezeichnung für die junge Bande gar nicht unrecht: Ein wenig mafiös wirkt sie schon.

GESCHICHTE

Angela Merkel liebte die BRD wie andere Kinder Pop-
stars. Eine Republik, gebaut auf der gebündelten Erfahrung westlicher Demokratiegeschichte. Man hatte
gelernt von der Weimarer Republik und ihren Fehlern,
gelernt, dass Menschenrechte dem Staat übergeordnet
sein müssen. Gelernt, dass Verfassungsgerichtsbarkeit
und Gewaltenteilung wichtig sind. Außerdem, dass
nicht alle Parteien immer ins Parlament sollten und
die Demokratie wehrhaft bleiben muss. Geschichte,
Geschichtsbewusstsein, Geschichtspolitik und der
Streit um all das pflastern den Werdegang der Bundesrepublik. Jede gewichtige politische Entscheidung
hat in den letzten Jahrzehnten auch immer eine Hin-
tergrunddebatte über Geschichte, Revisionismus,
Nazis, deutsche Ideologie ausgelöst. Die Deutschen
haben sich und ihren Platz in der Weltgeschichte immer schon sehr wichtig genommen, und Begriffe wie
Vergangenheitsbewältigung oder -politik, Schluss-
strichdebatte, Erinnerungskultur und Historikerstreit
verdeutlichen das Ringen der Bundesrepublik mit der
deutschen Geschichte. Ein Kampf, der auch das Nie-

derzwingen deutschnationaler Kräfte beinhaltet, den auch Merkel führen muss.

Als Politikerin der Bundesrepublik Deutschland war und ist Merkel stets bedacht, die ureigene Beschaffenheit der BRD, deren Werden sie nicht persönlich mitbegleitet hat, so gut als möglich zu durchdringen und zu verkörpern. Sie vertritt eine Auffassung bundesrepublikanischer Geschichte und Tradition, die es so eigentlich nie gegeben hat, die sie sich aus der Ferne herbeigesehnt hat. Sie inhaliert, was die Bundesrepublik gerne über sich selbst erzählt, und reproduziert es. Die Gnade des fernen Aufwachsens.

Die Interpretation der Geschichte und die Ableitung von möglichen Konsequenzen und Maximen ist ein zentrales Element politischen Handelns. Insbesondere wenn es um die (deutsche) Rolle im internationalen Staatengeflecht geht. Menschliches Zusammenleben organisiert sich wesentlich über das Bündeln und Interpretieren von Erinnerungen und der Vergangenheit. Der Kulturwissenschaftler Bernhard Giesen spricht von der Vergangenheit als »Konstrukt der Gegenwart«, die »mit den Institutionen der Gegenwart geschaffen« und »die geschichtliche und gesellschaftliche Lage derjenigen, die sich erinnern«, spiegelt.[73] Nationen werden so begründet, Imperien erhalten, Unrecht wird zu kompensieren versucht und Krieg gerechtfertigt. Kurz: Identität wird gestiftet.

Geschichtliche Ereignisse überzeugend in die eigene

politische Agenda einzuweben ist entsprechend die Königsdisziplin. Mit einer plausiblen Interpretation der Geschichte lassen sich politische Ziele höchst effektiv legitimieren.

In einer Demokratie, noch dazu einer Mediendemokratie des 21. Jahrhunderts, die eine höhere Notwendigkeit hat, breite Legitimation herzustellen als beispielsweise Diktaturen, ist Geschichtspolitik unvermeidlich. Jede_r Politiker_in in höherem Amt betreibt sie, die Menschen arbeiten sich mit großem Engagement daran ab. Sei es nun, weil sie die Erinnerung aufrechterhalten wollen, sei es, weil sie finden, dass die Geschichte ruhen sollte. Das haben wir z.B. bei der rot-grünen Koalition gesehen, die den Kriegseinsatz im Kosovo 1999 mit der kämpferischen Parole »Nie wieder Auschwitz« begründete. Zwar kann nachgewiesen werden, dass die Entscheidung, den Einsatz zu tragen, bereits Teil der Koalitionsverhandlungen gewesen ist und die Uminterpretation des Paradigmas »Nie wieder Krieg von deutschem Boden aus« hin zu »Nie wieder Auschwitz« eine strategische Entscheidung war, um die grüne Partei auf den Kriegseinsatz einzuschwören.[74] Jedoch funktionierte die geschichtspolitische Argumentation letztlich, und die grüne Partei, die Friedenspartei, verantwortete den ersten Kriegseinsatz der deutschen Geschichte nach dem Ende des Zweiten Weltkriegs.

Als Meister der geschichtspolitischen Zunft gilt bis

heute Helmut Kohl. Zum einen liegt es daran, dass er promovierter Historiker ist und die Wiedervereinigung in seine Amtszeit fiel. Zum anderen liegt es an seinem betont großen Einsatz für Europa, was er stets auch als Lehre aus der Geschichte inszenierte.

Angela Merkel nun wird ein unterkühltes Verhältnis zur Geschichtspolitik nachgesagt. Sie ist nicht die Kanzlerin der großen Gesten, was die visuell orientierte Mediendemokratie zeitweise an den Rand der Verzweiflung treibt. Sie muss ihre Politik nicht mit großen historischen Vergleichen rechtfertigen. Es gilt gemeinhin, dass Merkel viel von Kohl gelernt hat, nur nichts über solide geführte Geschichtspolitik. Aber eigentlich stimmt das nicht.

Merkel schreibt nicht nur Geschichte als erste Bundeskanzlerin der Bundesrepublik Deutschland. Ihre Karriere entspringt vielmehr einem historischen Moment – der Wiedervereinigung. Ohne sie wäre Merkel nie in der Politik gelandet. Sie selbst sagt, dass sie eigentlich gerne Lehrerin geworden wäre, aber in der DDR nicht durfte. In der BRD hätte sie gedurft. Auch verdankt Merkel einen Teil ihres Erfolges ihrer eigenen Geschichte – als Pfarrerstochter konnte sie überzeugend in der CDU andocken, als in der DDR Aufgewachsene wurde sie in der Außenwahrnehmung schnell zur Politikerin, die im »kommunistischen Unrecht« aufgewachsen war und nach dem Ende der Blockkonfrontation die Freiheit wählte. Die Marktwirtschaft, der Westen. George W. Bush wurde so zu ihrem Fan.

Merkel betreibt Geschichtspolitik vielleicht nicht so virtuos und offensiv wie Kohl oder gar Fischer, sie verkörpert sie aber selbstverständlich, sehr beiläufig, sie beglaubigt sie ausreichend durch ihre eigene Biographie. Zudem reiht sie sich nahtlos ein in die westdeutsche Tradition: Westbindung, Multilateralismus, europäische Integration, Solidarität mit Israel. Als Oppositionsführerin stellte sie sich aufsehenerregend gegen die rot-grüne Außenpolitik und an die Seite der Bush-Administration, als es um den Kriegseinsatz im Irak ging. Das Suchen breiter Kooperation und Koalition ist Merkels Politikstil sowieso inhärent – deswegen ist sie auch das diplomatische Wunderkind der letzten Jahre. Und auch ihre Solidarität mit Israel ist so ausgeprägt, dass sie als erste deutsche Staatschefin in der Knesset sprechen durfte.

Deutschland nach 1945, der dumpfe Streber unter den Staaten, hat mit der passionierten Streberin Merkel die Idealbesetzung deutscher Musterpolitik gefunden. Merkel verkörpert die hochgelobte neue deutsche Identität – reflektiert die deutsche Vergangenheit, vernünftig, geläutert. Deutschland ist seit 1945 nicht mehr so mächtig gewesen, von einer neuen deutschen Hegemonie wird gesprochen. Deswegen ist es auch ein bisschen seltsam, wenn ein Teil dieses neuen Deutschlands gegen den »Souveränitätsabbau«

protestiert und die »Abschaffung« Deutschlands beklagt. Das Gegenteil ist der Fall: Nationalstaaten als Ordnungsprinzip sind auf dem Rücken der EU wieder rehabilitiert worden, auch dank der sympathischen Führung Merkels. Die deutsche Nation ist ebenso rehabilitiert worden. Das neue deutsche Selbstbewusstsein, wie es so gerne genannt und gefordert wird, geht einher mit der Kanzlerinnenschaft Merkels. Ihre eigene Geschichte ist auch die Geschichte dieses neuen Deutschlands, das streng genommen kein neues Deutschland, sondern nur ein anderes Deutschland ist.

CLOWN

Über und sogar mit Angela Merkel zu lachen ist gar nicht so schwer. Wenn man einmal von der täglichen Arbeit und der Frage, inwiefern sie ihre Aufgaben gut löst, absieht, ist es sogar sehr leicht, sich von Angela Merkel amüsiert zu fühlen. Auch weil sie ständig unfreiwillig komische Bewegungen macht – wir erinnern uns an ihr Schicksal als »Bewegungsidiot« –, vielmehr jedoch, weil sie einfach äußerst witzig ist. Manchmal ganz unbewusst, meistens aber durchaus gezielt.

Angela Merkel hat einen sehr trockenen Humor, den sie klug einsetzt, um Situationen zu entkrampfen. Ihre spröde Art ist so konträr zu ihrer exponierten Position, zu den imposanten und plump auffälligen Selbstinszenierungen anderer Politiker_innen in ähnlicher Position, dass ihre bescheidene Art zu einem wandelnden Flachwitz wird. Einmal, im Sommer 2014, saß sie mit den Chefredakteuren des *Cicero* im Berliner Ensemble und plauderte auf dem Podium über dies und das. Auf die Frage, ob sie zu Putin einen kurzen Draht habe – zwinkerzwinker –, antwortete sie ganz nüchtern, dass sie auch nur eine normale Telefonleitung habe. Das

Publikum brach in schallendes Gelächter aus. Die Tatsache, dass Merkel das bedeutungsschwangere Spiel von pathetischen Inszenierungen nicht mitmacht und Versuche, sie zum Mitmachen zu bewegen, cool unterläuft, war und ist in vielen Momenten sehr komisch.

Ein Clown ist eine Figur, die Menschen zum Lachen bringt. Zum Beispiel indem der Clown immer und immer wieder in sein Unglück rennt. Denken wir an Heinrich Bölls Hans Schnier, dessen bester Sketch es ist, mit einem Haufen Schlüssel aus Eis zu versuchen, die Tür zu öffnen. Es sind so viele Schlüssel, dass sie geschmolzen sind, ehe er den richtigen gefunden hat. Oder Charlie Chaplin, wie er durch die moderne Industriewelt stolpert und sich immer und immer wieder in Industriemaschinen verfängt. In der Figur des Clowns begegnen wir alltäglichen Tücken und Widersprüchen der Gesellschaft, die dann humorvoll aufgelöst werden. Durch Stolpern beispielsweise. Stolpern erscheint uns deswegen komisch, weil es fehlende Flexibilität oder mangelndes Reaktionsvermögen aufzeigt. Der Clown ist permanent überfordert mit der Welt, schafft es aber nicht, aus diesem Schicksal auszubrechen. Das ist so komisch wie berechenbar. Und Berechenbarkeit ist angenehm.

Deswegen lachen wir bei Merkel gerne darüber, wenn sie mal wieder einen ungelenken Auftritt hinlegt, etwa wenn sie in Bayreuth angeblich vom Stuhl fällt, was im Sommer 2015 ein kleines Medienereignis war. Sie wirkt dann menschlich und nahbar, nicht wie die stets perfekt vorbereitete und angepasste Über-Politikerin. Gleichzeitig ist sie sehr berechenbar, auch wenn das auf den ersten Blick nicht unbedingt erkennbar ist. Sie ist wie der berühmte Clown Pic vom Circus Roncalli, der traurig der Seifenblase hinterherschaut. Nur dass Merkel immer wieder das tut, was das System erhält, Stabilität bringt. Clowns sind heutzutage weitgehend ausgestorben. Die Hans Schniers dieser Welt sind nur noch Legenden. Außer in der Politik, da gibt es noch ein paar Clowns. Und Angela Merkel ist einer der erfolgreichsten Clowns. Auch wenn es bei ihr eigentlich Clownin heißt.

EITELKEIT

Das politische Berlin ist voller Partys, Netzwerktreffen und Schnittchenveranstaltungen, von denen viele allein der Belustigung und Unterhaltung der politischen Protagonist_innen dienen. Viele dieser Veranstaltungen sind politisch gar nicht wichtig, streicheln aber die Eitelkeit: Ich gehöre dazu!

Angela Merkel ist anders. Unnütze Veranstaltungen meidet sie, sie zieht ein Wochenende in der Uckermark und eine Portion Schlaf vor. Auch wenn sie, falls sie das jetzt hier lesen sollte, wahrscheinlich sagen würde: »Ach, ab und an bin ich schon dabei!« Merkel ist keine Spaßbremse, im Gegenteil, sie setzt nur andere Prioritäten. Meist hielt sie es schlicht nicht (und als Kanzlerin nun noch viel seltener) für nötig, sich in der hohen Gesellschaft der Berliner Republik zu beweisen.

Merkel scheint generell kein sonderlich eitler Mensch zu sein. Es gibt furchtbare Bilder von ihr, Bilder, für die Frauen sich gemeinhin schämen, so steht es zumindest in Frauenzeitschriften über Stars und Sternchen. Merkel tut das nicht. Sie ist nicht sonderlich fotogen, und sie weiß das. Sie macht sich sogar darüber lustig, so wie sie überhaupt einen sehr unverkrampften Umgang mit sich selbst hat. Sie sitzt nicht auf diesem hohen Ross, von dem sie herunterzustoßen eine Genugtuung wäre. Beim ehemaligen Minister Karl-Theodor zu Guttenberg war das noch anders, ja!, da bereitete es den Menschen eine diebische Freude, ihn fallen zu sehen. Diesen eitlen Fatzke! Aber Merkel? Ach, ne. Irgendwie tut sie einem eh schon ein bisschen leid. Mit den Mundwinkeln und dem fahlen Gesichtsausdruck. Wenigstens hat sie es bis zur Kanzlerin geschafft. Auch zieht sich etwas subtil Leidendes durch ihre Auftritte. Tauschen möchten wahrscheinlich wenige mit ihr – die Aura der Alternativlosigkeit.

Eitelkeit nun, die »Furcht, original zu erscheinen«, wie es Friedrich Nietzsche nannte,[75] ist ein schleichendes Gift in der Politik. Insbesondere in hypermedialen Zeiten, in denen jede Zuckung zum weltweiten YouTube-Hit werden kann. Viele Politiker stolperten über das, was ihnen ihre Eitelkeit diktierte. Denken wir an Gerhard Schröder und seinen schrecklich peinlichen Auftritt am Abend der Bundestagswahl 2005. Selbstgefällig saß Schröder in der Elefantenrunde und prognostizierte sich selbst als Kanzler. Merkel würde von »seiner« SPD niemals zur Kanzlerin gewählt. Es war ein unerträglicher Auftritt. Wenige Tage später stand die Große Koalition unter Merkel.

Eitelkeit ist nämlich auch ein Zeichen von Schwäche. Merkel hat das längst erkannt. Michael Glos sagte mal über sie, sie sei die »Jägermeisterin eitler Männer«[76]. Die sammle sie wie Geweihe. Auch wenn hier wahrscheinlich die Kränkung aus Glos spricht, der es selbst nicht sonderlich weit brachte unter Merkel, auch wenn er Minister in ihrem ersten Kabinett war: Merkel schafft es mit ihrer uneitlen Art, sich auf dem politischen Parkett der Eitelkeiten zu beweisen, weil sie die Eitelkeit nicht überhandnehmen lässt.

Dennoch musste sie lernen, sich dem Zwang der Äußerlichkeiten konstruktiv zu nähern. Die ersten zehn Jahre ihrer Karriere verweigerte sie sich dem Druck der Mediendemokratie, verweigerte sich Schminke und anderen Schönheitsmanipulationen. Erst als sie Parteivorsitzende wurde, ließ sie sich auf das Spiel mit dem Äußerlichen ein. Nikolaus Blome zitiert in seinem Buch *Die Zauder-Künstlerin* dazu einen CDU-Beobachter, dem in dem Moment klargeworden sei, dass sie Kanzlerin werden wolle, als sie 2000 anfing, sich den stylistischen Diktaten der Mediendemokratie zu beugen.[77] Überraschend ist dieser Kotau, wie Blome es formuliert, nicht. Merkel handelt sehr überlegt. Sie hat ein genaues Ohr für etwaige Interpretationen zu ihren Ungunsten. Und sie ist entschlossen, diesen etwas entgegenzusetzen. In Gedanken spielt sie genau durch, wer was wie über sie denkt, denken sollte, denken wird – und kalkuliert, bei wem ihr dies egal sein kann. Das ist politisch notwendig, denn damit erhält Merkel ihre Macht. Deswegen erzählt sie gefühlt allen immer genau das, was sie hören wollen. Das wiederum ist ein zutiefst narzisstisches und eitles Verhalten. So gesehen hat Merkel durchaus die Furcht, original zu erscheinen und ist alles andere als uneitel. Zumindest politisch.

ISRAEL

Auf den Straßen Israels ist der Name Merkel gerne gehört. So eine tolle Frau, sagen die einen. Eine phantastische Führungspersönlichkeit, sagen die anderen. Manche möchten sie gerne gegen den eigenen Ministerpräsidenten eintauschen, und Etgar Keret, ein berühmter israelischer Schriftsteller, findet sie »hot«. Merkel sei gebildet und klug, sie verstehe die israelischen Belange, sei herzlich, eine reizende Person.

Die Begeisterung kommt nicht zuletzt daher, dass Merkel Israel nicht am Rande ihrer Politik verortet, sondern dass sie Israel und seine Belange zur Staatsräson erhoben hat. Die Israelis wissen das zu schätzen. Merkel ist auch die erste Kanzlerin mit einer so deutlichen Haltung zu Israel. Das liegt in erster Linie daran, dass sich Merkel wirklich auseinandergesetzt hat mit dem Holocaust, den sie meist Shoah nennt, die Bezeichnung für den Holocaust, die die meisten Juden und Jüdinnen bevorzugen. Sie wollte immer verstehen, wie es zu diesem Zivilisationsbruch kommen konnte, sagt sie gerne. Eine ihrer ersten Reisen als Bundesministerin ging nach Israel. In einer alten DDR-Maschine landete sie am Ben Gurion Airport. Einer der schönsten Flughäfen der Welt.

Israel. Ein Land, das so schön wie umstritten, geliebt wie bekämpft ist. Antisemitismus gibt es seit Jahrtausenden, der moderne Antisemitismus jedoch hat eine ganz eigene Ausprägung. Folgt man dem Göttinger Politikwissenschaftler Samuel Salzborn, ist Antisemitismus die negative Leitidee der Moderne. Das bedeutet, dass die moderne Welt mit Penicillin, Flugzeugen, sozialen Medien, Frauenrechten, Milchseen und Atombomben als widersprüchlich, überfordernd und als Bedrohung wahrgenommen wird. Das Judentum wurde und wird immer wieder als (negative) Ursache der Moderne und für ihre Widersprüchlichkeiten verantwortlich gemacht. Benjamin Netanjahu, der ungefähr so lange (wenn auch mit Unterbrechungen) Ministerpräsident von Israel ist wie Merkel deutsche Kanzlerin, verkehrt das in seinen Reden gerne ins Positive: Israel, die Innovationsnation, Israel, das Land der Moderne, des Fortschritts, der Entwicklung.

Merkel weiß um all das schon recht lange. In einem Interview mit *Yedioth Ahronot*, der reichweitenstärksten Zeitung Israels, schildert Merkel im Herbst 2015, sie habe in der DDR darunter gelitten, dass sie zu den Veröffentlichungen ihrer israelischen Kollegen keinen Zugang hatte.[78] Das lag in erster Linie an der DDR, die mit dem »imperialistischen Israel« keine guten Beziehungen pflegte. Merkel wusste schon damals um die

Probleme Israels und gleichzeitig, wie stark das Innovation und Fortschritt einschränkte – allein aus wirtschaftspolitischer Sicht heraus ist für sie eine solche Politik untragbar. Merkel steht aus vielen Gründen an der Seite Israels.

Trotzdem oder gerade deswegen spricht sie in Interviews immer wieder von den Werten, die Israel und Deutschland teilen: Freiheit, Demokratie, die Würde jedes einzelnen Menschen, Pluralismus. Zwar ist sie immer auf der Suche nach einem Konsens, aber erst mal ist sie über Meinungsvielfalt und Diskussionen erfreut, findet verschiedene Standpunkte wichtig, selbst wenn diese auch die Rechte von Frauen in Zweifel ziehen. Die moderne Welt, so widersprüchlich sie auch ist, ist auch Merkels Welt, die sie erhalten will. Deswegen verstehen sich Merkel und Netanjahu auch ganz ausgezeichnet. Die Chemie stimmt, wie es im israelischen Außenministerium heißt, zwischen den beiden. Das ist wichtig für die eigentlich sehr komplizierte Beziehung, die durch die Shoah genauso geprägt ist wie durch die deutsch-jüdische Kultur, die die Welt mehr als einmal verändert hat: durch Albert Einstein und Karl Marx, Hannah Arendt und Theodor W. Adorno, durch Kafka und Heinrich Heine, durch das Jiddische und Marcel Reich-Ranicki.

Merkel ist deswegen in Israel sehr beliebt, auch wenn sie den antisemitischen Zustand in Deutschland damit leider zu oft verdeckt. Sie ist ein Feigenblatt, das die antisemitischen Ausfälle und den immer noch vorhandenen Judenhass in Deutschland verharmlost.[79] Doch weil sie sich in den allermeisten Punkten mit Israel solidarisch zeigt, wundert es nicht, dass sie in sozialen Netzwerken antisemitisch beleidigt wird – als Jüdin, als Agentin des Zionismus, als Verräterin am deutschen Volk. So gerne der Name Merkel auf den Straßen Israels gehört wird, so sehr provoziert ihre Solidarität Unmut bei unbelehrbaren Deutschen.

RELIGIONSUNTERRICHT

Auf dem Waldhof vor Templin unterrichteten Merkels Eltern angehende Theologen. In erster Linie tat das ihr Vater Horst Kasner, aber auch Herlind Kasner unterrichtete im Weiterbildungszentrum für Theologen. Mehr oder minder im Verborgenen, denn offiziell durfte die studierte Lehrerin nicht als solche arbeiten. Der Religionsunterricht war in der DDR Aufgabe der Kirchen, es gab keinen konfessionellen Schulunterricht, wie das im Westen der Fall war. Angela Merkels Religionsunterricht fand frei statt und war die Kulisse ihrer Kindheit. Merkel ist also streng genommen ein Lehrerkind. Wenn sie im Westen aufgewachsen wäre, so sagt sie, wäre sie bestimmt Lehrerin geworden. Wie ihr Großvater, ihr Vater, ihre Mutter. Die DDR kam dazwischen und vor allem deren Ende.

Merkel betont immer wieder, dass sie gläubig ist, auch wenn ihr das oft nicht ganz abgenommen wird. Sie wirkt auf die meisten Leute nicht sonderlich gläubig. Eher wie die klassische Naturwissenschaftlerin, die Rationale, die Atheistin. Dabei kommt es gerade bei Naturwissenschaftlern sehr oft vor, dass sie durch die Arbeit ihren Glauben zu Gott finden. René Descartes ist wahrscheinlich das berühmteste Beispiel. Der Begründer des neuzeitlichen Rationalismus, der Vater des Satzes »Ich denke, also bin ich«, findet am Ende seiner Überlegungen wieder zu Gott. Bei Descartes ist Gott jedoch schon im Privaten verortet. Deswegen klammert er die kirchlichen Institutionen auch weitestgehend aus. Ähnlich wie Merkel.

Glaube ja, darüber reden auch, aber letztlich ist der Glaube etwas Privates. Glaube ist nichts, wofür man sich verschämt verstecken müsste, im Gegenteil, Merkel benennt das Christentum auch als ihr Wertefundament. Die christlichen Tugenden sind ihr sehr wichtig. Privat bleibt ihr Glaube und ihr Glaube an die gesellschaftliche Rolle des Glaubens insofern, als sie für die grundgesetzliche Trennung von Kirche und Staat bedingungslos eintritt. In Merkels Staatsphilosophie heißt das auch, dass keine Religion staatlich bevorzugt werden sollte. Genau deswegen gehört der Islam bei Merkel auch zum deutschen Staat. Glaube verbindet, nicht Religion.

In der DDR gab es offiziell keine Religion, keinen Gott, nur einen Staat. Grundsätzlich eine sympathische Vorstellung, die in Frankreich im Laizismus umgesetzt ist. Jedoch weiß Merkel um die Schwächen dieses Ansatzes: In einer Gesellschaft, in der Religion staatlich ausgeklammert wird, bildet sich die Opposition in religiösen Zusammenhängen. Genau das geschah in der DDR. Es ist ein wenig paradox: Die Kirche – eigentlich als reaktionär vom Sozialismus verbannt – wurde zum Befreiungsmoment, zum Ort der Revolution. Merkel mag mit dieser Opposition nicht viel anzufangen gewusst haben, aber dieser Hintergrund erklärt, warum sie in der CDU erfolgreich anknüpfen konnte. Und es erklärt auch, warum Merkel für eine staatliche Einbettung des Islams einsteht. Oder wie es der *Spiegel*-Journalist Nils Minkmar auf Twitter formulierte: »Der Islam wär schon weniger cool wenn die Kids ihn Montagmorgen um 8 als Schulfach hätten.«[80]

Merkels Glaube wird meist unterschätzt. Dabei liegen hier viele Erklärungen für ihre Politik. Die Öffnung der Ehe für gleichgeschlechtliche Paare beispielsweise. Merkels Haltung ist konservativ, aber nicht feindselig. Im Interview mit dem YouTube-Star LeFloid sagte sie im Sommer 2015, dass gleichgeschlechtliche Paare keinerlei Nachteile haben dürften, dass keine staatliche Diskriminierung aufgrund sexueller Orientierung gerechtfertigt sei. Sie betonte auch, dass es ihre Politik sei, bestehende Diskriminierungen zu beenden. Und doch: Die Ehe, also dieses Wort mit dieser christlichen Geschichte, solle Mann und Frau vorbehalten sein. Konkret heißt das: Gleichgeschlechtliche Paare werden vor dem Staat gleich behandelt wie alle anderen Paare auch, aber das Wort Ehe dürfen nur die Kirchen nutzen. Oder so. Konkreter wird Merkel nicht. Natürlich.

Merkel hat sich eingerichtet in einer Welt, in der Glaube organisiert ist wie die Supermärkte unserer Zeit: für alle und jede was da, unterschiedlich teuer und exklusiv, aber alle und jeder finden etwas. Den christlichen Glauben, immer noch die dominante Religion in Deutschland, übersetzt sie in ihre Politik, destilliert heraus, was sie für sinnig und unsinnig hält, versucht, eine möglichst große Masse von Menschen unter dem Label zu vereinen und nichtchristliche Gläubige einzubeziehen. Gleichzeitig kritisiert sie, dass die Menschen den Glauben und die daraus resultierenden Erkenntnisse und vor allem Tugenden nicht mehr kennen und praktizieren würden:[81] Ohne Fundament keine Substanz.

Wenn es um christliche Werte wie Nächstenliebe, Gerechtigkeit und Besonnenheit geht, können wir alle noch was lernen, findet Merkel, und ein bisschen ist es wie Frontalunterricht. So gesehen ist Merkel tatsächlich ein wenig in die Fußstapfen ihrer Familientradition getreten, auch wenn sie das vielleicht lange nicht wollte: als spirituelle Lehrerin der Deutschen.

HOSENANZUG

Als Helene-Charlotte von Bothmer am 14. Oktober 1970 im Deutschen Bundestag eine Rede hielt, löste sie einen Eklat aus. Nicht weil die SPD-Politikerin etwas besonders Radikales gefordert hätte oder so, nein, sondern weil sie als erste Frau im Bundestag bei einer Rede Hosen trug. Einen Hosenanzug, um genauer zu sein. Als Resultat wurde von Bothmer mit Schmähpost überschüttet: »Würdeloses Weib« wurde sie genannt, und es wurde gefordert, dass sie dem nächsten Bundestag nicht angehören solle.[82]

Der Hosenanzug war also schon lange vor Merkel ein Politikum. Heute steht er für erfolgreiche Frauen in Politik und Wirtschaft, für die Nivellierung der Geschlechter in der Arbeitswelt. Im Anzug sind wir alle gleich? Fast. Denn trotz alledem wird der Anzug bei der Frau immer noch Hosenanzug genannt und nicht einfach Anzug. Ein kleiner, aber feiner Unterschied, der immer noch gezogen wird. Als müsste betont werden, dass Frauen jetzt auch Anzüge tragen, dass Frauen auch mal die Hosen anhaben dürfen. Der Fall von Bothmer zeigt deutlich, dass diese Frage vor nicht allzu langer Zeit noch heftigst debattiert wurde. Zwar hatte Marlene Dietrich den Hosenanzug schon in den dreißiger Jahren etabliert, jedoch in einem vermeintlich ungefährlichen Bereich, nämlich der Filmkunst.

In der Politik jedoch hat den Hosenanzug komplett und endgültig erst Angela Merkel etabliert. Wenn auch unter Hohn und Spott. 2005 steht in der *Berliner Zeitung* in einem Artikel über die Ausstatterin Merkels noch der Satz »Wenn Frauen ganz nach oben wollen, verkleiden sie sich immer noch gern als Mann – Hosenanzug oder strenges Sakko sind obligatorisch.«[83] Als die Queen im Sommer 2015 zu Besuch kam, titelte die *Abendzeitung München* »Wiederholt Angela Merkel ihren Hosenanzug-Fauxpas?«[84] Angela Merkel hatte schon 2009 die übliche Etikette missachtet, nach der eine Frau ein Kleid oder einen Rock zu tragen hat, wenn sie die Queen empfängt.

Abgesehen vom antiquierten Protokoll solcher Staatsempfänge haben Frauen heute relative Freiheit bei der Kleidungswahl. Während erfolgreiche Männer sich stets mit dem obligatorischen dunklen Anzug einkleiden müssen, können Frauen variieren. Merkel macht das natürlich mit ihren Jacketts, die sie schon in jeder Farbe der Farbpalette trug, die zu ihrem Markenzeichen wurden und immer wieder für Spekulationen sorgen. Warum trägt sie heute rot? Schwarz bedeutet ganz schlechte Nachrichten, oder? Der Hosenanzug dient auch als Metapher in der Kommunikation über

Merkel: »Machiavelli im Hosenanzug« (*Cicero*) oder »Die Hosen-Kanzlerin« (*Bunte*) – der Hosenanzug hat sogar einen eigenen Twitteraccount: @merkelsanzug[85] – auch wenn er verwaist zu sein scheint.

Wenn Merkel mal keinen Hosenanzug trägt, ist das sogar eine Meldung wert. Wir erinnern uns an das Dekolleté. Sie erinnern sich? *Das* Dekolleté. 2008 trug Merkel zur Eröffnung der Osloer Nationaloper ein Abendkleid mit einem tiefen Ausschnitt. Die Welt stand plötzlich kopf. Die Hosen-Kanzlerin im Kleid, mit Dekolleté, ja mit Brüsten? Das ging vielen zu weit, und auch im Ausland wurde erregt debattiert und gelästert. Die Medien waren über einige Zeit so aufgewühlt, dass Merkel sich zu einem Statement durch ihren Vize-Regierungssprecher Thomas Steg genötigt sah: »Die Bundeskanzlerin ist ein bisschen erstaunt gewesen« und »Wenn die Welt nichts Wichtigeres hat, als über Abendkleider zu reden, dann kann man wahrscheinlich auch nicht helfen.«[86] Wahrscheinlich war Merkel tatsächlich erstaunt und hatte die Wirkung eines Busens, insbesondere bei einer mächtigen Frau, die sonst immer in Hosen auftaucht, unterschätzt. Ganz sicher hat sie unterschätzt, wie sehr Frauen immer noch nach ihrem Aussehen beurteilt werden und nach der Kleidung.

Es hat etwas Tragikomisches, dass Merkel einen Skandal mit einem Kleid und nicht mit einem Hosenanzug wie von Bothmer damals auslöste. Ob das ein

Zeichen für Emanzipation ist, lässt sich bezweifeln – die wird wohl erst erreicht sein, wenn der Hosenanzug auch bei Frauen einfach nur ein Anzug ist.

NERD

Ein wenig unbeholfen versucht Angela Merkel, dem jungen Mädchen Trost zu spenden. Das Mädchen sitzt weinend vor ihr, Merkel streckt den Arm aus, streicht ihr über den Oberarm. Das Mädchen heißt Reem und hat einen palästinensischen Flüchtlingshintergrund. Sie ist Klassensprecherin in der 6. Klasse, spricht fließend und akzentfrei Deutsch, will studieren – und sie hat Angst vor Abschiebung. Sie bricht in Tränen aus, als die Kanzlerin ihr in einem freundlich bestimmten Tonfall zu verstehen gibt, dass eine Abschiebung auch für sie möglich ist, dass Deutschland nicht alle aufnehmen kann und dass sie als Politikerin eben auch unbequeme Entscheidungen treffen muss. Sie sagt das recht leidenschaftslos. Wie so oft. Doch Reems Tränen lassen sie nicht unberührt. Etwas hölzern geht sie auf das junge Mädchen zu und will sie ermutigen, das alles nicht so persönlich zu nehmen.

Merkel erinnert in diesem Moment an den berühmten TV-Nerd aus der Sitcom *The Big Bang Theory*, Sheldon Cooper, wie er ungelenk die Konvention des Tröstens umzusetzen versucht. Bei Sheldon heißt es dann »There, there« – eine Wendung, die etwas versteift Anteilnahme transportieren soll und in etwa so was heißt wie »Ist ja schon gut«. Angela Merkel, die kinderlose Naturwissenschaftlerin, steht also vor dem emotionalen Ruin ihrer Politik und streichelt dem Mädchen ungelenk und betroffen über den Arm. Als ob ihre Politik nicht in ihren Händen läge, als ob sie sich wünschen würde, dass alles anders sei, aber die Umstände nun mal nicht mehr hergeben als ein bemühtes »Ist ja schon gut«.

Angela Merkel ist ein Nerd. Vielleicht sogar der Protoyp eines Nerds, bevor es wirklich Computer gab. Als Nerd gilt zwar gemeinhin ein schüchterner junger Mann, der die Pubertät gerade hinter sich gelassen hat und irgendwelche Zauberdinge am Computer im Keller vollbringt. Ein Kellerkind, das sich nicht der sozialen Interaktion widmet, das lieber Computer spielt oder liest. Aber dieses Klischee ist zu einseitig, das Nerdtum ist viel präsenter in der Politik, als auf den ersten Blick erkennbar: Denn Machtverhältnisse verschieben sich im Computerzeitalter, Macht wird anders ausgeübt, und das Prinzip des *freien* Marktes bekommt durch die Computerrevolution eine andere Tragweite.

Das Nerdtum zeichnet sich einerseits durch eine hippieske Ablehnung oder zumindest Skepsis gegenüber zwischenmenschlichen Konventionen aus. Andererseits passt sich das Nerdtum an die herrschenden Verhältnisse der Warenproduktion an. In dem berühmt gewordenen Essay *The Californian Ideology* von Richard Barbrook und Andy Cameron wird es wie folgt ausgedrückt: »Der soziale Liberalismus der Neuen Linken und der wirtschaftliche Liberalismus der Neuen Rechten haben sich zu einem ungewissen, ja zweifelhaften Traum einer elektronischen Demokratie à la Thomas Jefferson verbunden. Digitale Handwerker_innen haben längst akzeptiert, dass es individuelle Freiheit nur im Rahmen der freien Märkte und des technologischen Fortschritts geben können soll.«[87] Mit dem außerdem vorhandenen Drang zur pingeligen Präzision und der Leidenschaft für Wissenschaft und Utopien manifestiert sich eine Mentalität, die eben auch finanziellen und sozialen Erfolg bedeutet: das System innerhalb seiner eigenen Grenzen hacken und sich an die Spitze setzen.

Denken wir einmal an Mark Zuckerberg, den jungdynamischen Nerdmilliardär: Unaufgeregtheit, Distanziertheit, Bescheidenheit, kindliche Naivität und Sorglosigkeit zeichnen ihn ebenso aus wie die Fähigkeit, strategisch, außerhalb bekannter Konventionen zu denken und, wenn es sein muss, harte Entscheidungen zu treffen. Rationalität als Mantra. Zuckerberg hat aus den Fehlern der Dotcom-Blase gelernt und blieb bei seiner Vision, verzichtete auf das schnelle Geld, bewies langen Atem, blieb sich treu und setzte sich damit letztlich durch. Vom Außenseiter zu einem der mächtigsten Menschen unserer Zeit.

Sehen wir von den finanziellen Interessen einmal ab und akzeptieren, dass sich Visionen in puncto Subtilität stark unterscheiden können, sind die Parallelen zu Angela Merkel doch unübersehbar. Und während Rationalität sich im direkten Konkurrenzkampf als Stärke über emotionale und unkontrollierbare Impulse beweist, wird das Bestehende eher unkritisch angenommen. So wie Mark Zuckerberg an das Innovationspotenzial der Technologie glaubt, glaubt Merkel an das Innovationspotenzial von Einwanderern und Flüchtlingen. Beide umarmen dabei den Kapitalismus, glorifizieren Arbeit und blenden Probleme und Widersprüche aus, die der moderne Kapitalismus mit sich bringt. Das Pressen menschlicher Existenz in Warenform beispielsweise oder die systematische Ungerechtigkeit der weltweiten Produktionsbedingungen.

Das Denken der Nerds hat also nicht unbedingt etwas mit Computern zu tun. Vielleicht war Merkels Keller die DDR. Oder das Labor in Berlin-Adlershof. Aber ihr Denken, ihr Anspruch an Politik und Gesellschaft ist vom Mantra der Rationalität geprägt. Deswegen argumentiert sie in der Flüchtlingspolitik auch mit wirtschaftlichen Vorteilen – das erscheint ihr in den eigenen Reihen offenbar wirkungsvoller, als an die Menschlichkeit zu appellieren.

KATHARINA DIE GROSSE

Der Blick schweift in die Ferne, die Augen sehen entschlossen aus. Das Kleid ist imposant, golden, gefer-
tigt aus einem schweren Brokatstoff. Das glitzernde
Diadem ist ins Haar eingeflochten. Um den Hals eine
schmucke Kette. »Die neue Selbstgefälligkeit der Angela M.« steht neben ihrem Kopf, in einem Namens-
schild am unteren Rand des Bildes steht »Angela die
Große«.

Die Referenz ist eindeutig – Angela Merkel wird auf
dem Titel des *Spiegels* im Herbst 2013 als die einzige
Herrscherin dargestellt, für die sie offen Bewunderung empfindet und deren Bild sie auf dem Schreib-
tisch stehen hat: Katharina die Große. »Die Zahl ihrer
Männer war beträchtlich«, sagte Merkel 2006 einmal
lächelnd in der Talkshow von Reinhold Beckmann.[88]
Katharina, eine deutsche Prinzessin, die generell sehr
beliebt waren in den Zarendynastien. Anpassungs-
fähig und fleißig seien sie, die Deutschen. Katharina
wurde »die Große« genannt, weil sie das Russische
Reich reformierte, auf Bildung setzte und, mit ihrem
Liebhaber Potjomkin an der Seite, das russische Ter-

ritorium massiv ausdehnte. Sie war Zeitgenossin des Preußenkönigs und der österreichischen Kaiserin Maria Theresia, an deren Schicksal sie unweigerlich gebunden war. Es fällt nicht schwer, sich vorzustellen, was Merkel an Katharina fasziniert. Und vielleicht ist es auch tatsächlich die Anzahl der Männer, die Katharina hinter sich ließ.

Eine Frau als Herrscherin ist automatisch auch immer alle Frauen, die auch mal in einer Machtposition waren, unabhängig von der politischen Richtung. Frau zu sein, reicht als Eigenschaft. Merkel reagiert auf diese von Interviewpartner_innen gern gezogenen Parallelen stets gleich: distanziert, höflich, nein, sie sei nicht Maggie Thatcher oder Indira Gandhi, nein, auch nicht Golda Meir, danke sehr, lassen Sie uns über etwas anderes reden. Es wirkt jedes Mal ein wenig einfallslos, wenn Merkel in eine Reihe mit jenen Frauen gestellt wird, die eine Männerdomäne durchbrochen haben, und es ist ein Indikator dafür, wie unerfreulich rückständig die Gleichstellung von Mann und Frau immer noch ist.

Darüber hinaus ist die Frage nach genuin weiblicher Machtausübung jedoch durchaus berechtigt, nicht nur aus einer differenzfeministischen Sicht. Bedeutet der notwendige Umgang mit sexistischen Strukturen, dass Frauen eine ganz andere Form von Machtausübung erlernen? Und kann es nicht vielleicht sogar sein, dass Frauen, die angeschlagene Institutionen übernehmen, diesen sogar eine neue Legitimation geben? Kann Macht, die von Frauen ausgeübt wird, überholte Konzepte retten?

Katharina die Große rettete mit Reformen vorläufig die russische Aristokratie, sie stellte sich dem Zeitgeist nicht entgegen, sondern versuchte ihn zu formen. Merkel macht es mit der westlichen Demokratie ähnlich. Angefangen mit der CDU – der sie, entgegen aller Unkenrufe der Politikwissenschaft, bei der Wahl 2013 wieder den Status der Volkspartei gebracht hat – bis hin zum klaren, unverblümten Vertreten deutscher Interessen im europäischen Kontext. Merkel hat das Konzept der Nation vor dem Untergang in der supranationalen EU bewahrt. In der Finanzkrise hat sie klassische nationalorientierte Machtpolitik mit einem freundlichen, einem weiblichen Gesicht neu erfunden – was ihr viel Kritik der Länder einbrachte, die unter der deutschnationalen Politik zu leiden hatten und haben. Vielleicht ist es das, was Frauen tun, wenn sie eine mächtige Position innehaben: ramponierte Konzepte behutsam vor dem Niedergang zu bewahren.

Königin Elisabeth II. ist dafür auch ein gutes Beispiel: Was wäre gewesen, wenn in den wilden sechziger und siebziger Jahren ein junger, vielleicht schwacher König auf dem Thron gesessen hätte, in dieser albernen Uniform, mit wild gewordenen Töchtern und einer Ehefrau, die ihn betrügt? Stattdessen sitzt seit 1952 Elisabeth an der Spitze der englischen Monarchie. Elisabeth II. ist eine Art Prototyp für weibliche Herrscherinnen des 20. Jahrhunderts: Ruhig, pragmatisch und mit einer Prise Humor ist und bleibt sie die beliebteste Monarchin Englands und vielleicht Europas. Wenn irgendwann ihr Enkel William den Thron besteigt, tritt er ein großes Erbe an. Doch ob ein Mann Elisabeth ebenbürtig beerben kann, bleibt ungewiss. Auch das erinnert ein wenig an Merkel, die bisher nicht mal einen Kronprinzen zugelassen hat.

Frauen, die in höchsten Ämtern und Würden sind, werden auch gerne entsexualisiert. »Das Merkel« ist eine gängige Bezeichnung für Angela Merkel. Ihr unprätentiöses Auftreten, das dezente Make-up, die androgyne Kleidung, die kurzen Haare, all das wird im Zweifel gegen ihre Weiblichkeit, gegen jegliche Form weiblicher Selbstbestimmung ins Feld gebracht. Frauen, die Macht haben, werden gerne zu Männern umdefiniert, das scheint weniger angsteinflößend zu sein. Viele wehren sich regelrecht, Merkel als sexuelles Wesen anzusehen, gleichzeitig wird sie immer wieder abwertend als Domina inszeniert. So als wäre es verwerflich, dass eine mächtige Frau einen Sexualtrieb hat, geschweige denn vielleicht einen, der über westdeutsche Spießigkeit hinausgeht.

Gerhard Schröder konnte seine Potenz alleine schon durch seine gefühlt 23 Ehen beweisen. Merkel dagegen soll bitte keine Sexualität haben. Lediglich ein paar Gerüchte gibt es hier, ein paar Gerüchte da, und zwar darüber, dass Merkel angeblich nicht nur am Kabinettstisch genau wisse, was sie wolle. So wie Katharina die Große, die mit ihrer »beträchtlichen« Männerzahl, immerhin zu den wenigen mächtigen Frauen gehört, denen Macht *und* Sexualität zugestanden wurde, deren Sexualität sogar glorifiziert wurde – nicht zuletzt erkennbar daran, dass sie in Hollywood von Sexbomben à la Catherine Zeta-Jones verkörpert wird. Katharina die Große war also nicht nur mächtig, sie war auch eine Frau, die immer wusste, was sie wollte. Und vielleicht ist sie auch genau deswegen Merkels Vorbild.

USA

Wenn Angela Merkel ganz weit weg fahren will, fährt sie nach Kalifornien. Eine ihre ersten längeren Reisen nach dem Fall der Mauer ging in den Westküstenstaat, der sie bis heute immer wieder anzieht. Kalifornien ist weit weg, das Wetter anders, es liegt am Ozean. Mehr hat Merkel dazu auch nicht zu sagen. Gleichzeitig ist Kalifornien sehr vertraut, oftmals ist es Vorbild für Entwicklungen, die später nach Deutschland rüberschwappen: Yoga, vegane Ernährung, Hippies, die digitale Revolution.

Im Kleinen fasst das auch die besondere Beziehung zwischen der Bundesrepublik und den gesamten USA gut zusammen. Seit dem Ende des Zweiten Weltkriegs gaben die USA im Wesentlichen vor, wie der westdeutsche Staat sich in eine liberale Demokratie verwandeln sollte. Das gelang recht erfolgreich: Die soziale Marktwirtschaft wurde mit einer repräsentativen Demokratie, entsprechenden Institutionen und einem klaren Bekenntnis zum Antikommunismus in die Bundesrepublik Deutschland gegossen. Die USA überwachten zusammen mit Großbritannien und Frankreich die Entwicklung Westdeutschlands. Sie kontrollierten den Rundfunk, die Geheimdienste, den Aufbau der Institutionen, die Justiz und verfolgten eine großflächige Entnazifizierung. Die BRD-Deutschen mussten und sollten nach dem Ende der Diktatur unter Hitler umerzogen werden. Alles in allem, abgesehen von der Entnazifizierung, sehr erfolgreich. Oder wie es Wolfgang Pohrt ausdrückte: »… in Deutschland aber begann mit dem amerikanischen Kulturimperialismus nicht die Barbarei, sondern die Zivilisation«.[89]

Die USA galten als Hort der Freiheit, so heißt es oft, des Wandels und des Fortschritts. Alles Dinge, an die auch Angela Merkel glaubt. Die USA waren immer ein Sehnsuchtsland für sie, dort herrschte alles, was sie sich wünschte für ihr eigenes Leben: Grenzenlosigkeit, Freiheit, Wohlstand, Kapitalismus. Und diese Liebe beruht auf Gegenseitigkeit. Denn Merkel ist in den USA zu einem kleinen Star mutiert. Schon George W. Bush machte sie zu einer Ikone der Freiheit. Er inszenierte sie als die Politikerin, die »wahre Unfreiheit im Kommunismus« erlebt hatte und die nun im Westen für die Freiheit kämpfe. Angela Merkels Karriere in den USA begann als Oppositionspolitikerin. Damals, 2003, während des Kriegs gegen Saddam Hussein im Irak. »Man hatte einen Punkt erreicht, an dem Krieg unvermeidbar geworden war«, sagte sie damals und stellte sich als Oppositionsführerin gegen die Linie der Bundesregierung unter Schröder und

Fischer. Diese hatten einen historischen Bruch der besonderen deutsch-amerikanischen Beziehungen angedeutet. Natürlich stand Deutschland letztendlich trotzdem mit in der Verantwortung und beteiligte sich – wenn auch nicht mit eigenen Soldaten, so doch mit massiver logistischer Unterstützung – an den Kampfeinsätzen. Aber rhetorisch hatte sich die tiefe antimilitaristische Tradition in Deutschland seit 1945 durchgesetzt. Schröder schwamm auf der Friedenswelle, während Merkel demonstrativ in die USA reiste und am 20. März 2003 einen Text in der *Washington Post* veröffentlichte: »Schroeder doesn't speak for all Germans«, heißt die Überschrift. Im Text erläutert Merkel die historische Verantwortung Deutschlands, an der Seite der USA zu stehen, die Umbrüche der Zeit gemeinsam zu meistern und bezeichnet die größte Lehre der Deutschen aus dem Zweiten Weltkrieg, dass Deutschland nie wieder alleine agieren dürfe.[90]

Während sie in Deutschland auf harte Ablehnung von allen Seiten stieß, wurde sie schon damals von vielen US-Politiker_innen ins Herz geschlossen. Die Oppositionsführerin aus dem ehemals kommunistischen Osten, die für Freiheit, Demokratie und Kapitalismus und gegen die ängstlichen Deutschen kämpft, konnte bei den US-Politiker_innen nur punkten. 2003 schärfte sie an der Irakfrage ihr konservativ-liberales Profil. Die Kampfansage gegen die »German Angst« spielt sie seitdem immer wieder gerne auch innenpolitisch aus. Zuletzt 2015 in der Flüchtlingskrise. Dafür wurde sie vom *Time Magazine* zur »Person of the Year« gekürt. Die USA lieben Merkel für ihre abgebrühte Coolness, ihren trockenen Humor und ihre trotz allem herzliche Art. Hillary Clinton ist Fan, Emma Watson auch. In der Show *Saturday Night Live* wird sie regelmäßig und insgesamt wohlwollend parodiert.

Die Beziehungen zwischen Deutschland und den USA sind eine feste Konstante jeder Kanzler_innenschaft. Ohne die USA geht es nicht. Angela Merkel hat das schon früh beherzigt. Nicht nur, weil es von ihr erwartet wird als Kanzlerin, sondern auch, weil ihr die USA so viel näher sind als Frankreich oder andere Nationen. Deswegen fährt sie auch gern nach Kalifornien in den Urlaub.

HANDY

Wenn Angela Merkel auf der Regierungsbank im Parlament sitzt, hat sie häufig ihr Mobiltelefon in der Hand. Die Farbe des Jacketts wechselt, der Blick, die Konzentration, der kreisende Daumen und die suchenden, auf den kleinen Bildschirm gerichteten Augen sind immer gleich. Die Beziehung zwischen der Bundeskanzlerin und ihrem mobilen Endgerät ist berühmt-berüchtigt.

Spätestens seit der Abhöraffäre im Sommer 2013, als herauskam, dass sie nicht ausschließlich ihr verschlüsseltes Regierungs-Handy verwendet hatte und sie von der NSA abgehört wurde. Und frühestens seit dem Frühjahr 2011, seit dem hämischen Grinsen, das sie auf den Lippen hatte, als sie am Tag des Rücktritts ihres Verteidigungsministers Karl-Theodor zu Guttenberg, ihrer Vertrauten Annette Schavan eine SMS zeigte. Was wir sonst nur von Jugendlichen kennen, die sich wortlos Nachrichten auf ihren Telefonen zeigen, wurde bei Angela Merkel zu einem ikonischen Moment. Die Kanzlerin und ihre Freundin Annette, damals Bildungsministerin, tun geheimnisvoll, so als hätte Angela eine Nachricht von ihrem Schwarm bekommen. Bis heute ist nicht bekannt, ob es wirklich die Rücktritts-SMS von Guttenberg war. Aber es ist ein durchaus wohliger Gedanke, dass es so war. Journalist_innen nutzten den Moment, um die eigene Genugtuung über den Rücktritt von Guttenberg zu bebildern und gleichzeitig die Tragik des Ganzen auf die Spitze zu treiben: Seht her! Selbst die Kanzlerin ist amüsiert!

Handys, Telefone, mobile Endgeräte – all das verschwimmt zunehmend: Mittlerweile sind die sogenannten Smartphones hochgerüstete Minicomputer, die alles können. Sie überwinden nicht nur räumliche Entfernungen, sondern auch soziale und emotionale Distanzen. Hierarchien. Mit einem Klick in der Heimat, im Gespräch mit den Eltern. Die digitale Vernetzung der Menschheit, deren Vollstrecker vor allem die mobilen Endgeräte sind, macht die Welt so klein wie brutal, lässt die Grenzen zwischen den Sphären verschwimmen, bietet Aufstiegs- und Absturzmöglichkeiten. Ein kurzer Blick auf das mobile Endgerät, eine einzige Nachricht kann über den emotionalen Verlauf eines Tages, ja einer Woche, eines Jahres entscheiden. Eine einzige Nachricht kann über den Anfang und das Ende von Karrieren entscheiden.

Hajo Schumacher schreibt in seiner Doktorarbeit über das Machtsystem Merkel schon 2006, dass Merkels Macht wesentlich auf der Nutzung ihres Telefons basiert.[91] Zur richtigen Zeit die richtigen Leute anrufen, einfangen, überzeugen. Das Telefon als Seilschaften-krücke und Waffe im innerparteilichen Wettbewerb. Das Telefon ist auch beim alltäglichen Organisieren des Regierungsgeschäfts Merkels wichtigstes Rüstzeug. Es ist die Peitsche für die Kabinetts- und Fraktionsdisziplin, das Zuckerbrot, der Spaltstein, das Hilfsmittel bei Intrigen und Manipulation. Es gibt Gerüchte, dass sie während Sitzungen an andere Teilnehmer_innen SMS schreibt. Stille Post, digitale Zettelchen, um ihre Machtspielchen zu spielen. Merkel mag SMS, wie sie im Interview mit Anne Will offenbarte, unter anderem, »weil der Absender nicht offenbaren muss, in welcher Situation er ist, aber auch der Empfänger sich aussuchen kann, wann er auf diese SMS antwortet. Das gibt Freiheit.«[92]

Merkel weiß also ziemlich gut um die Macht des Telefons, um die politische Gewalt der Vernetzung. Sie versteht, welche Macht davon ausgehen kann, weil sie sie selbst über das Telefon ausübt. Sie selbst sagt dazu gewohnt lapidar, dass die richtige Nutzung des Telefons einer ihrer größten politischen Lernerfolge gewesen sei.[93]

Merkel musste, wie die meisten Politiker_innen ihrer Generation, sich erst daran gewöhnen, das Mobiltelefon in den politischen Alltag zu integrieren. Und sie gehört zu den Ersten, die seine Nutzung geradezu perfektioniert haben. Gleichzeitig lässt sich so erklären, wie der Abhörskandal um ihr Handy 2013 zustande kommen konnte und wieso Merkel, die mit ihrer Regierung die Abhörung aller anderen Telefone überzeugt rechtfertigt, regelrecht ausflippte, als sie erfuhr, dass sie selbst auch abgehört wird. Es steht zu vermuten, dass sie an ihrem alten Handy einfach hing, dass sie sich nicht komplett in einer neuen digitalen Umgebung einfinden wollte und deswegen auf das verschlüsselte BND-Telefon verzichtete. Dass sie aus Gewohnheit heraus das alte, unsichere CDU-Handy nutzte, vielleicht weil ihr die hochgerüsteten Minicomputer doch irgendwie nicht ganz geheuer sind und sie zufrieden mit einem gut funktionierenden Handy ist, mit dem sie telefonieren und simsen kann und dessen Akku trotz Hochbetriebs ein paar Tage hält. Gleichzeitig ist ihr Ausbruch über das abgehörte Handy und ihre Enttäuschung auch ein Zeichen dafür, dass sie sich letztlich über sich selbst ärgerte. Sie, die mächtigste Frau der Welt, wurde abgehört, weil sie zu träge war, ein verschlüsseltes Handy zu nutzen? Sie war so naiv zu glauben, das wäre schon okay?

Der Vertrauensbruch, den Merkel gegenüber Barack Obama anführte, war vielleicht tatsächlich einer, zeigt in erster Linie aber, dass Merkel die technischen Ausmaße der digitalen Welt bis dahin selbst nicht ganz durchdrungen hatte. Sie, die immer alles durchdenken will, bevor sie handelt, wurde bloßgestellt von einem kleinen Gerät aus Plastik, seltenen Erden und einem Lithiumchip. Dass ihr so ein Anfängerfehler passierte, ärgerte sie wahrscheinlich mehr als die verbriefte Erkenntnis, dass sich alle untereinander abhören. Dass sie erst selbst betroffen sein musste von dem intimen Eingriff des Abhörens ist tragisch wie komisch – und gleichzeitig eine wichtige Lektion. Jetzt sind es nicht mehr nur die Telefone der anderen, die abgehört werden.

MUNDWINKEL

»Just look at how much fun Angela Merkel had visiting Vladimir Putin in Moscow«[94], lautet die Überschrift eines Beitrags bei dem Medienportal BuzzFeed. Buzz-Feed ist der neue Star am Internet-Neue-Medien-Journalismushimmel. Berühmt geworden mit Listen wie »17 Momente, warum Du Deine Eltern trotzdem liebst« oder »24 Beweise, dass Schaufensterpuppen bessere Menschen sind«, widmet sich die Plattform zunehmend auch politischen Themen, die sie aber in einem ähnlich lockeren Infotainment-Stil präsentiert. So ist auch der Beitrag über Merkels Besuch in Moskau zum 70. Jahrestag des Endes des Zweiten Weltkriegs zu werten. Im Mittelpunkt: Angela Merkels Mundwinkel. Der Beitrag besteht aus Bildern, die Merkel mit Putin zeigen. Und es wirkt, als würden die Mundwinkel sogar noch tiefer hängen als sonst schon. Am Ende steht ein Foto mit der Zeile: »Isn't diplomacy fun?« Die Antwort geben uns Merkels sehr tief nach unten gezogene Mundwinkel: nein.

Angela Merkel und ihre Mundwinkel. Ihren Schlaf, ihre Entscheidungen, ihre Lebensführung kann Merkel kontrollieren. Ihre Mundwinkel anscheinend nicht. Es ist ein bisschen wie bei der Katze, die aufgrund ihrer Kleinwüchsigkeit unter dem Namen »Grumpy Cat« – also mürrische Katze – weltberühmt wurde, da sie stets so aussieht, als würde sie alles und jeden hassen. Die Katze hat die Mundwinkel dauerhaft nach unten gezogen. Tatsächlich gibt es in den Weiten des Netzes viele Anspielungen auf Merkel als »Grumpy Merkel« – sogar die Verschmelzung von Merkel und der ewig grummelig guckenden Katze gibt es als Cartoon.

Die Mundwinkel haben mittlerweile einen ähnlichen Kultstatus wie vieles andere, was Merkel einst als Makel ausgelegt wurden. So gibt es ein Buch, das *Wir sind glücklich, unsere Mundwinkel zeigen in die Sternennacht, wie bei Angela Merkel, wenn sie einen Handstand macht* heißt. Außerdem gibt es Schönheitschirurgen, die die Korrektur von »Merkelfalten«, die eigentlich Marionettenfalten heißen, mit Hilfe von Hyaluronsäure anbieten. Auch *falten.org* benutzt die »Merkelfalten« als Begriff. Und wer es nicht mit Hyaluronsäure versuchen will, dem bleibt immer noch Gesichtsgymnastik.

Das Gesicht einer Frau ist immer auch Kampfgebiet, egal ob sie Kanzlerin ist oder nicht. Doch während erfolgreiche Frauen tendenziell dazu neigen, ihre Mimik mit Botox und anderen schönheitschirurgischen Eingriffen außer Kraft zu setzen – was insbesondere bei Schauspielerinnen mehr als bizarr anmutet –, sind Merkel die Mundwinkel offenbar egal: »Ich wär ja kein richtiger Mensch mehr, wenn man mir gar nichts mehr ansehen würde.«[95]

Dabei wären die Merkelfalten, die im schlechtesten Fall an einen Nussknacker erinnern, mit nur wenig Aufwand und Schmerzen in circa einer Stunde mit einer Spritze zu beseitigen. Aber warum sollte Merkel das tun? Die gängigen Schönheitsideale haben Merkel nie sonderlich beeindruckt. Ihre Karriere basiert sogar darauf, dass sie sich eben kein Ideal anheften lässt. Außerdem sind die Mundwinkel ein stets gern genutztes Bild der Medien – nicht nur bei BuzzFeed: »Wie Angela Merkel mit ihren Mundwinkeln kämpft«, titelte beispielsweise die *Welt*.[96]

»Unser Gesicht ist jetzt wie ein kleiner, unbeholfener, in die Höhe gestreckter Semaphor der Seele, der uns Zeichen gibt, so gut er kann«, schrieb der Filmtheoretiker Béla Balázs 1924 in seinem Aufsatz *Der sichtbare Mensch*.[97] Merkels Mundwinkel verraten sie manchmal, geben Einblicke, sind ein belustigender Befreiungsmoment. Sie setzt darauf, zumindest aber ist es ihr egal. Sie hat Wichtigeres zu tun. Zum Beispiel Putin in seine Schranken zu weisen. Das macht vielleicht keinen Spaß, aber dafür gibt es ja dann die Mundwinkel. Die machen umso mehr Spaß.

PFLAUMENKUCHEN

Am 2. Februar 2001 gibt Angela Merkel der *Gala* ein Interview. »Angela Merkels Sehnsucht nach Pflaumenkuchen«, heißt es daraufhin in der *B. Z.*[98] Zu diesem Zeitpunkt ist Angela Merkel wenige Wochen CDU-Vorsitzende und damit die erste Frau an der Spitze der christlichen Volkspartei. Die Chefaufklärerin der CDU-Spendenaffäre hat es geschafft – sie hat nun das wohl mächtigste Parteiamt der Republik inne. Dass ihr neuer Job auch Stress bedeutet, wird im Interview mit dem Lifestyle-Magazin deutlich: »Das Schlimmste an meinem Job ist, dass ich vor lauter Terminen keine Zeit mehr finde, meinen geliebten Pflaumenkuchen zu backen.«[99] Der Herd als Sehnsuchtsort der mächtigsten Politikerin in der CDU.

Dabei mag Angela Merkel Pflaumenkuchen gar nicht so gerne. Sie mag es nur, ihn zu backen. So sagt sie es zumindest in den folgenden Jahren immer wieder.[100] Denn inzwischen ist der Pflaumenkuchen ein wiederkehrendes Element in ihren Interviews geworden. Der Pflaumenkuchen – eine kleine Anekdote hier, ein Stückchen Menschlichkeit da – taucht in Texten über sie auf, in Bildunterschriften, ernst und ironisch gemeint. Der Pflaumenkuchen dient als Metapher, um Angela Merkels politisches Handeln zu beschreiben: »Die NSA-Bombe versuchte sie zu entschärfen, als hantierte sie mit einem uckermärkischen Pflaumenkuchen«, heißt es in der *Zeit*.[101] Oder um über ihre Ehe zu spekulieren: »Und muss Gatte Joachim den von beiden geliebten Pflaumenkuchen nun ohne sie essen?« (*tagesschau.de*)[102]

Der Pflaumenkuchen als augenzwinkernder Dauerbrenner, als Auflockerung eines drögen Themas. Denn Angela Merkel ist als ähnlich durchschnittlich, dröge und schwer bekömmlich verschrien wie der butterlastige Kuchen, den sie eigentlich gar nicht so gerne mag. Und deswegen geht es bei dem Pflaumenkuchen natürlich nicht nur um Butter, Mehl, Hefe, Zucker und Pflaumen, sondern um eine Art der politischen Kommunikation. Merkel ist die erste Frau, die es zur CDU-Vorsitzenden und schließlich auch Bundeskanzlerin gebracht hat. Sicherlich waren in den Reihen der CDU immer auch mächtige Frauen wie Rita Süssmuth oder Elisabeth Schwarzhaupt – jedoch blieben sie immer hinter den mächtigen Männern, organisiert in noch mächtigeren Männerbünden, zurück und bekleideten keine wichtigen Parteiämter. Elisabeth Schwarzhaupt, die erste Ministerin der BRD, musste sich Zeit ihrer Legislatur mit »Herr Minister« ansprechen lassen, denn Konrad Adenauer eröffnete seine

Kabinettssitzungen bis zum Ende mit »Morjen, meine Herren.«

Anders Angela Merkel. Ihre Ministerinnenkarriere war erst der Anfang, mittlerweile führt sie unangefochten die einstige Männerpartei, durchbricht bekannte Rollenklischees und gibt sich so gar nicht feminin. Nur manchmal. Manchmal durchbricht sie diese genderneutralisierte Position. Und das tut sie dann mit Pflaumenkuchen, wenn sie demonstriert, dass auch die mächtige Angela Merkel, die skrupellos die CDU-Führungsriege vertilgte, zu Hause auch nur liebende Ehefrau ist. Es ist eine behagliche Vorstellung: Die Kanzlerin steht an einem frühen Sonntagmittag in der Küche, trägt eine frisch gestärkte Schürze und knetet vergnügt Teig, während Prof. Dr. Joachim Sauer im Wohnzimmer die *Frankfurter Allgemeine Sonntagszeitung* liest. Sie schneidet die Pflaumen, wiegt das Mehl und den Zucker ab, nimmt Margarine statt Butter, wegen des Cholesterinspiegels, Sie wissen schon; nimmt ein Päckchen Trockenhefe, die hält sich länger und geht schön auf. Sie findet die Hefe bestimmt spannend, wie sie unauffällig wächst, wie sie sich breitund aus dem Teig mehr als die Summe seiner Zutaten macht. Es entsteht etwas Neues. Hefe wird unterschätzt.

Die Pflaumenkuchenidylle vermittelt so das Bild der fürsorglichen Haus- und Ehefrau, die Merkel mit ihrem Job in dieser Intensität gar nicht sein kann. Das wirkt authentisch, ehrlich, menschlich. In der Realität geht meist ihr Mann Joachim einkaufen, und die beiden essen eigentlich eher Sushi.

Mit dem Pflaumenkuchen bedient sie eine Medienlogik der postdemokratischen Nationalstaaten, nach der gesunde Distanz unbedingt notwendig, ein vermeintlicher Blick in das Privatleben jedoch unvermeidlich ist, und gibt uns damit die Ahnung einer potenziellen Verletzlichkeit. Das Privatleben wird zum politischen Kapital. Und so eben auch der Pflaumenkuchen, der das letzte bisschen weibliche Unterwürfigkeit symbolisiert, das Angela Merkel einer Gesellschaft zugesteht, die immer noch ein wenig verwundert ist über mächtige Frauen.

Und eine ironische Seite hat die Pflaumenkuchengeschichte auch: Kinderlose Frauen, die Karriere machten, mussten sich in der Vergangenheit nicht selten als »Dörrpflaume« beschimpfen lassen. Eine Beschimpfung, die Frauen ihre Sexualität abspricht, die ihnen unterstellt, sie täten, was sie tun, um ein verkorkstes Sexualleben zu kompensieren. Und auch wenn Merkel ihre Sexualität bisweilen abgesprochen wird: Die Dörrpflaume hat noch niemand gegen sie ins Feld geführt. Dafür gibt es ja den Pflaumenkuchen, dessen Pflaumen sogar saftig sind. Ob sie ihn nun mag oder nicht …

Darüber hinaus zeigt der Pflaumenkuchen auch die Obsession der Medien für Politiker_innen und ihr Essen. In unserer Gesellschaft, in der Politik und Wirtschaft die Bedürfnisse der Masse von oben herab oder nur als Randnotiz behandeln, ist das Sprechen übers Essen ein letzter Rest des klassenlosen Anspruchs moderner Demokratie. Ein Spiel mit Habitus und den feinen Unterschieden, wie es Pierre Bourdieu nannte. Essen tun wir schließlich alle. Essen ist ein Mittel der politischen Kommunikation, eine Brücke zur breiten gesellschaftlichen Verhandlung der Verhältnisse. Ein Spiel, welches Angela Merkel so perfekt beherrscht, wie zuletzt nur der alte Mann mit seinem Pfälzer Saumagen.

Während SPD-Politiker schon gerne mal mit Champagnerliebe die Arbeiterseele der Partei provozierten, gibt es in der politischen Signalkiste Merkels neben dem Pflaumenkuchen noch die Kartoffelsuppe. Sie bereitet und serviert sie gerne in politischen Runden – inwiefern der kleine Anteil Benzodiazepine in Kartoffeln hilfreich ist, bleibt natürlich Spekulation. Die Kartoffel – zugleich ein weitverbreitetes Schimpfwort für Deutsche – steht für den deutschen Boden, für rationierte Kriegskost, für hart arbeitende Deutsche und letztlich für das ehrliche und aufrichtige deutschnationale Fünkchen in Angelas Brust. Sie mag Deutschland, so wie sie Kartoffelsuppe mag.

Außerdem funktioniert die Kartoffelsuppe natürlich bestens als Kontrastprogramm zu all den viel zu kleinen Häppchen mit Namen, die Otto Normalverbraucher sowieso nicht kennt. Zu feinster Kost von bonzenhaft auftretenden Berliner Politiker_innen. Stattdessen kommt in Merkels Topf ordentliche Hausmannskost. Bodenständig, einfach, herzhaft. Der Ausdruck protestantischer Askese schwingt unweigerlich mit.

Angela Merkel drückt damit aus, dass sie eine von uns ist, eine von vielen, eine unter allen. Dass Politiker_innen nur Menschen sind, dass Staatschef_innen auch nichts Besseres sind. Es ist ein bisschen wie die neue Start-up-Kultur, in der die Unterschiede auch gerne verschleiert werden. Es wird so getan, als wären alle gleich, als wäre der Chef, der in Jeans und T-Shirt im Großraumbüro sitzt, auch nur einer von vielen, einer von allen. Doch spätestens bei der nächsten Gehaltsverhandlung oder betriebsbedingten Kündigung ist es egal, ob der Chef mit im Großraumbüro sitzt. Am Ende entscheidet er. Oder sie. Und daran ändert auch eine Kartoffelsuppe nichts.

GENOSSIN

Genossen sind Linke. So richtige Linke, Bier trinkend, Arbeiterlieder singend, streikend. Genossen sind meinungsstark, rechthaberisch, idealistisch, orthodox. Genossen sind Kommunisten, SPDler, Gewerkschafter, Klassenkämpfer. Genossen sind Männer. Die Beziehung, die sich über den Ausdruck »Genosse« bildet, ist eine besondere. Eine politische, eine herzliche, eine historische. Genosse ist ein Prädikat. Das Wort ist aus dem althochdeutschen *ginoz* entstanden, das einen Menschen bezeichnet, »der mit einem anderen die Nutznießung einer Sache gemeinsam hat«[103], und hat in den letzten zwei Jahrhunderten eine untrennbare Assoziation mit linker Politik erfahren. In der DDR war »Genosse« die offizielle Anrede. In der SPD ist sie bis heute Standard.

Nach dem Fall der Mauer orientierte sich Merkel in der sich neu formierenden Parteienlandschaft. Ihre Streifzüge durch die herbstlichen Nächte in Berlin führten sie sogar zur SPD. In der *Zeit* steht: »Merkel war also zunächst bei der DDR-SPD vorstellig. Aber da habe ihr die Referentin nicht gefallen, zudem sei ihr dort alles zu chaotisch gewesen. Auch das Genossen-Duzen habe ihr widerstrebt.«[104] Merkels Impuls, zur SPD zu gehen, zeigt ihre politische Flexibilität und vermutlich auch ihre damalige Unsicherheit. Zwar beschloss sie in diesen Tagen wohl, künftig Politik machen zu wollen, aber eine klare Linie hatte sie noch nicht. Marktwirtschaft, Freiheit. So was halt …

Was ist nun aber dran am gelegentlich geäußerten Vorwurf, Merkel sei die beste Sozialdemokratin aller Zeiten? Die Sozialdemokratisierung der CDU wird ihr seit langer Zeit vorgehalten, unter ihrer Regentschaft wurde sogar der Mindestlohn eingeführt, wenn auch eher in einer Light-Version. Merkel verfolgt dabei politisch durchaus gewisse Ansätze der Sozialdemokratie. Sie setzt auf Umverteilung, einen starken Staat, Rentenaufwertung, niedrigere Krankenkassenbeiträge, sichere Sparkonten. Dass das in erster Linie aber nur Lippenbekenntnisse sind, zeigt sich angesichts der konsequent durchgeführten Neoliberalisierung Europas. Sie setzt wirtschaftspolitisch voll und ganz auf die Kräfte des Marktes. Der Markt, unser »Wohlstandsmotor«. Wettbewerbsfähigkeit und Leistungsbereitschaft sind ihre Schlüsselbegriffe. Sie glaubt an die Tugend im Kapitalismus. Auch wenn sie dabei in vielen Punkten Peer Steinbrück eng an ihrer Seite hatte (und ideologisch noch hat) – für eine Karriere in der SPD wäre dieser Marktenthusiasmus alles andere als hilfreich gewesen.

#NEULAND

Ein wenig in die Ecke geklemmt, steht Angela Merkel im Führerstand eines ICE. Zusammen mit Bahnchef Rüdiger Grube lässt sie sich eine neue Strecke zwischen Leipzig/Halle und Erfurt zeigen. Ihr Jackett ist nussbraun, ihr Gesichtsausdruck etwas bemüht interessiert. Die Scheibenwischer sind in Betrieb. Der Zugführer guckt sie strahlend an. Es wirkt alles etwas gedrängt auf diesem Foto, das das Merkel-Team am 9. Dezember 2015 in den Mittagsstunden auf der Fotoplattform Instagram unter dem Account »bundeskanzlerin« postet.

Zum selben Zeitpunkt wird das Internet über Merkel vollgeschrieben. Nicht wegen des Propagandabildchens, sondern weil das *Time Magazine* Merkel zur »Person of the year« erklärt hat. Ein Teil der Kommentator_innen, seien es nun Stars, Sternchen, Journalist_innen oder andere Internetnutzer_innen, ist erfreut, ein Teil ehrfürchtig, und ein anderer Teil ist wütend und garstig. Das Social-Media-Team und die Fotografen und Fotografinnen, die den Instagram-Account bedienen, entscheiden sich an diesem Tag, an dem die weltweite Aufmerksamkeit so stark auf Merkel gerichtet ist, ganz merkelgemäß dem Tagesgeschäft nachzugehen. Unaufgeregt. Frau Kanzlerin fährt Eisenbahn. Und blickt nach vorne, auch wenn dort Regen und Nebel sind.

Generell postet das Instagram-Team viele Bilder, auf denen Merkel durch Nebel blickt, ihr Auto durch Wüstenstaub fährt, das helle Sonnenlicht ein wenig blendet. Unscharf sind die Bilder. Bleiben im Vagen. Das gilt auch für die künstlerischen Fotografien, die ein wenig abstrakt sind, ohne Menschen meist. Aufnahmen von Details am Kanzlerinnenamt oder anderen Gebäuden, die mit der Kanzlerin assoziiert werden, ästhetisch anspruchsvoll fotografiert. Und immer wieder Merkel in unverkrampften, witzigen Situationen und in großen Menschengruppen. Mit Kindern, mit Staatschefkolleg_innen, mit Bevölkerung, mit Promis, mit Militär. Am erfolgreichsten, wie das eben so ist, sind die Bilder, die starke Emotionen einfangen oder eine Sehnsucht wecken: Trauer wegen der islamistischen Attacken in Paris im November 2015. Trauer wegen Helmut Schmidts Tod. Wunderschöne Landschaftsaufnahmen. Helikopterflüge.

Merkel ist etwas skeptisch gegenüber dem Internet. Sie weiß, wie bedeutsam es ist, so ganz abstrakt. Sie weiß auch, dass ihre Präsenz im Netz notwendig ist. Bürgerdialog heißt das Gesamtkonzept hinter dem gut durchdachten Internetauftritt. Neben einem Account bei Instagram gibt es einen bei Facebook, regelmäßige Videos bei YouTube, und die Seite *bundeskanzlerin.de* ist umfangreich und informativ. Das Social-Media-Team der Bundesregierung besteht aus acht Redakteur_innen und vier Fotograf_innen, die Internetredaktion aus weiteren 25 Personen. Insgesamt sind mit dem Onlineauftritt der Kanzlerin 37 Leute befasst.[105] Zusätzlich nutzen Mitglieder der Bundesregierung Twitter, wie beispielsweise Regierungssprecher Steffen Seibert. Auf Twitter ist er das offizielle Sprachrohr der Kanzlerin. Tippt man *bundesregierung.de* in den Browser, gelangt man auf die gleiche Seite wie unter *bundeskanzlerin.de*. Die Bundesregierung, das wird hier eindeutig klar, das ist die Bundeskanzlerin.

Merkel hat eine schlagkräftige Neulandtruppe formiert, die »das Internet« für sie überschaut. Das ist so konsequent wie überraschend – schließlich war das Internet noch vor wenigen Jahren, 2013, um genau zu sein, für sie angeblich Neuland. Im Juni des Jahres hatte Edward Snowden die umfassenden Abhöraktivitäten westlicher Geheimdienste enthüllt. Was Netzpolitiker_innen in der Vergangenheit immer wieder befürchtet und angemahnt hatten, wurde nun verbriefte Realität. Merkel musste sich dazu äußern, und es musste verständlich sein. »Das Internet ist für uns alle Neuland, und es ermöglicht auch Feinden und Gegnern unserer demokratischen Grundordnung, mit völlig neuen Möglichkeiten und völlig neuen Herangehensweisen unsere Art zu leben in Gefahr zu bringen«, sagte sie auf der berühmt gewordenen Pressekonferenz mit US-Präsident Barack Obama am 19. Juni 2013.[106] Unter dem Hashtag »#neuland« ergossen sich anschließend sintflutartig Belustigungen über die vom Internet anscheinend überforderte oder zumindest verblüffte Kanzlerin.

Ein Hashtag ist ein digitales Schlagwort, unter dem Menschen ihre Beiträge zuordnen, sodass digitale Sammlungen entstehen. #neuland ist zu so einer Sammlung geworden, unter der Menschen noch heute täglich ihre Boshaftigkeiten über die zur Schau gestellte Ahnungslosigkeit der Kanzlerin sammeln. Und Merkel? Die schweigt und ignoriert. Sie hat alles zu dem Thema gesagt.

Und bei allem Spott: Sie hat ja auch nicht unbedingt unrecht gehabt. »Das Internet« in seiner ganzen Komplexität *ist* Neuland für die Gesellschaft, für Institutionen, für Medien, für die Politik, für die Justiz. Neue Herausforderungen, neue Chancen, neue Probleme – neue Gefahren. Und während der internetaffine Teil der deutschen Bevölkerung über die Wortwahl lacht, wird verkannt, dass sie sich auch über einen nicht unbedeutenden Teil der Gesellschaft lustig machen, der sich peinlich berührt fühlt, nicht so viel über das Netz zu wissen. Im Gegenteil fühlen viele sich oftmals wie Merkel – und durch diese entsprechend gut und angemessen repräsentiert.

Merkel weiß, dass digitalisierte Massenkommunikation wesentlich ist für ihre Gesamtkommunikation. Deswegen auch das gut durchdachte Konzept ihres Internetauftritts. Merkel ist die Kanzlerin des digitalen Wandels, auch wenn der Wandel nicht unbedingt von ihrer Regierung großartig unterstützt oder angestrebt wurde. Merkel ist die Kanzlerin, in deren Regierungszeit die brachialen Veränderungen durch soziale Medien fallen. Shitstorms gegen Institutionen und Einzelne, Facebook-Partys, die mittlerweile schon keine Attraktion mehr sind, Plagiatsjäger_innen, die die Kanzlerin zwei Minister_innen kosteten (zu Guttenberg und Schavan). Umfassende Massenüberwachung. Die Pegida-Bewegung, die mehr Likes auf Facebook hat als SPD und CDU zusammen. Die AfD als Partei der Hetzer im Internet. Politik und Medien sind zunehmend getrieben von den vernetzten Massen in den sozialen Netzwerken. Die Beleidigungen sind schnell getippt, die Verletzungen gehen tief. In Neuland wird scharf geschossen.

Auf der einen Seite stehen diejenigen, die Digital Natives genannt werden, auch wenn sie teils geboren wurden, als das Netz sich noch in den theoretischen Anfängen befand. Sie sind diejenigen, die das Internet verstehen. Diejenigen, die wissen, was Hashtags sind und Retweets, die Cloud und Etherpads. Die Zeitung online lesen, kollaborativ arbeiten und für die Leaken zu einer zentralen politischen Praxis geworden ist. Auf der anderen Seite der deutsche Mainstream, eine der ältesten Bevölkerungen der Welt, konfrontiert mit diesen neumodischen und Neurosen fördernden Dingen. Überfordert und auch ein wenig bedroht. Merkel nun ist aber Kanzlerin aller deutschen Bürger_innen, egal, ob sie denken, sie leben in Neuland oder nicht.

Im Zuge der Debatte um #neuland wurde Merkel mit Hilfe von Photoshop sogar zu Christoph Columbus – ja, die Vorstellung, Merkel erobere das Internet wie die Spanier den amerikanischen Kontinent, wurde zum Mem. Ein vermessener Vergleich – auch das ist die Kultur des Netzes: Unter Massenmord geht hier wenig. Aber hinter dem Hashtag #neuland steckt auch einer der größten Menschheitsmythen – der von der Neuen Welt. Neu ist diese vernetzte Welt tatsächlich. Und ihr Wandel ist beständig. Sie verändert kontinuierlich Gewohnheiten, Traditionen. Bricht bisher Unbekanntes hervor, gibt längst aufgegebenen Ideen neuen Auftrieb. Eine neue Welt mit anderen Regeln und Akteur_innen. Neu gemischte Karten.

Vielleicht sollte Angela Merkel das nächste Mal von ihrem Social Media Team nicht als ein wenig deplatziert wirkende Kanzlerin im Cockpit eines ICE inszeniert werden, sondern tatsächlich am Steuerruder eines Viermasters mit dem Blick in eine neue Welt.

RAUTE

Plötzlich hing dieses riesige Plakat an dem Gerüst eines Hotelneubaus in der Nähe des Berliner Hauptbahnhofs. Irgendwann kurz vor der Bundestagswahl 2013. Das größte Plakat in der Wahlkampfgeschichte der Bundesrepublik Deutschland. Ein Plakat der Superlative. Ein bisschen edgy, wie das heute so schön heißt, im Pixellook. Daneben der Slogan: »Deutschlands Zukunft in guten Händen«. Zu sehen: die Hände der Kanzlerin Merkel, zur Raute geformt.

Ein Plakat, das eigentlich nur zum Kult werden konnte. Oder zum Mem. Was dann auch tatsächlich geschah. Meme sind kommunikative Sinneinheiten – abstrakte Bilder, Ideen und Metaphern beispielsweise. Diese verhalten sich vergleichsweise wie Gene. Meme variieren, selektieren, mutieren. Das Internet ist eine wahre Mem-Maschine. Kleine Momente, Symbole oder Szenen aus Funk und Fernsehen werden Social-Media-gerecht gestaltet und anschließend hochgeladen. Meme sind gewissermaßen Schlagwörter, unter denen virtuell gebastelt wird. Merkels Raute wurde so zu einem Mem. Massenhaft montierten Menschen mit

Hilfe von Graphikprogrammen berühmte Figuren über die Plakat-Raute. Die Raute und Putin. Die Raute und die Naziroboter aus der Comicverfilmung *Hellboy*. Die Raute und der böse Chef des Atomkraftwerks Mister Burns aus der legendären Serie *Die Simpsons*. Gesammelt werden die Montagen auf *merkelraute.tumblr.com*.

Es stellt den vorläufigen Höhepunkt der Karriere einer politischen Geste dar. Es ist geradezu zum Massensport geworden, ironisch, teils aber mit ernstem Hintergrund, den »Merkelizer« – wie die Raute auch genannt wird – zu imitieren. Die Raute ist das wohl prägnanteste Machtsymbol der deutschen Bundeskanzlerin. Viel wurde und wird über ihre Bedeutung gerätselt. Das reicht von klassischer Verschwörungstheorie, die die Raute als zionistisches Kommunikationszeichen deutet und Merkel als jüdische Marionette antisemitisch verunglimpft, bis hin zu der Auslegung, dass die Raute eine Vulva darstellen soll. Dazwischen finden sich Interpretationen der Raute als Zeichen der Zusammenführung, der Konzentration, der Mütterlichkeit, der Harmoniesuche, der Kraft.[107] Eine Zeit lang gab es auch das Gerücht, dass die Raute eine klassische Übung aus dem Managementtraining sei, um den Rücken zu stabilisieren. Und schließlich gab es auch noch diesen Körperspracheexperten, der von einer »Schutzpyramide« sprach, die Angriffe oder Einwände vom Körper ableitete.[108]

Dabei bedeutet die Raute für Merkel selbst eigentlich

gar nicht viel. Außer dass sie sich einst fragte, wohin mit den Händen bei öffentlichen Auftritten. Zumindest ist das ihre offizielle Erklärung. Traditionell steht Frauen ein geringeres Repertoire an sozial akzeptierten Haltungen zur Verfügung. Während Männer auch mal mit einem Stinkefinger auf dem Magazin der *Süddeutschen Zeitung* abgebildet werden können, gibt es für Frauen in dieser Position als Vorbild eigentlich nur Margaret Thatcher mit ihrer komischen Handtasche. Gerhard Schröder hielt oft einen Stift in der Hand. Oder ein Glas. In Interviews, in denen Angela Merkel ständig auf die Raute angesprochen wird, sagt sie gerne, dass sie die Symmetrie der Handbewegung mag.[109] Eine klassische Merkel – unverbindlich, freundlich.

Wie dem auch sei, die Macht der Raute liegt wahrscheinlich in ihrer Uneindeutigkeit. Wie auch ein beträchtlicher Anteil von Merkels Macht in der Uneindeutigkeit liegt; die Tatsache, dass sie selbst die Raute völlig banalisiert, tut ihr Übriges: Die Raute ist Kult. Eine Form von Kult, die es nur in einer Zeit geben kann, in der Ironie das Mittel der Wahl ist, in der sich junge Leute wie ihre Großeltern anziehen und in der superironisch Heino gehört und Heidi Klum heimlich bewundert wird. Ganz ironisch natürlich.

Zeichensprache ist Teil der Menschheitsgeschichte, und während ein Königszepter, ein Purpurmantel oder ein Reichsapfel nicht mehr den aktuellen Vorstellungen von Herrschaftszeichen entsprechen, ist die Raute subtil, universell und hat sogar etwas Kontemplatives. Man denke an die ein oder andere Buddha-Darstellung mit gleicher Geste. Merkels Raute als Ruhepol der Deutschen, als Ausdruck von Harmonie, Ausgleich und Beständigkeit. Bloß keine Aufregung, keine Streitigkeiten, lieber Konsens und Vernunft.

Merkels Politikstil ist so harmoniebedürftig wie unverbindlich, wenn auch zuverlässig flexibel. Ihre Politik will sie stets nach dem Wohle der deutschen Bevölkerung ausgerichtet sehen. So versucht sie die Wellen der spätkapitalistischen Herausforderungen zu reiten. Die Raute ist der symbolische Gegenentwurf, der Anker, der bei allem Auf und Ab einen nötigen Wiedererkennungswert liefert. So fühlte sich der gemeine Deutsche trotz einer unsicheren Weltlage und einer jederzeit wechselnden politischen Haltung der Bundeskanzlerin bisher ganz wohlig, warm und geborgen. Die Raute ist vertraut, kuschelig. Und mittlerweile sogar in der Internetsprache angekommen. Seit Herbst 2014 hat die Raute ein eigenes Emoticon: –<>– Nur ein weiterer Schritt in der Merkelisierung von #neuland.

SCHULD

Schuld ist ein wirkungsmächtiges Wort. Menschheitsgeschichte und Kunst sind voll von Auseinandersetzungen mit Schuld. Von der Bibel bis Dostojewski. Wer Schuld hat, kann, ja muss bestraft werden. Deswegen ist Schuld ein mit der Politik schwer verträgliches Konzept, denn Schuld setzt Fehlverhalten voraus, und erkanntes Fehlverhalten ist eine Waffe in den Händen der anderen. Entsprechend muss jede Schuldzuweisung an einen selbst vermieden werden. Merkel hat sich in dieser Disziplin stets als eine wahre Künstlerin erwiesen. Sie hat es bisher immer geschafft, Verantwortung und Macht an sich zu ziehen, die Schuldfrage aber zu umgehen, wenn etwas schiefläuft.

Merkel zaudert lieber, als sich möglicherweise schuldig zu machen. Sie windet sich rhetorisch aus der Schuld und bettet ihr Handeln lieber in größere Zusammenhänge. Sie spricht viel im Passiv, benutzt selten das Wort »ich«. Sie vermeidet es auch, anderen Leuten klar Schuld zuzuweisen. Sie sagt stattdessen lieber: »Ich spreche xyz mein volles Vertrauen aus.« Inzwischen gilt das als sehr verlässlicher Indikator dafür, dass die mit Vertrauen gesegnete Person bald ihren Job verliert.

Merkel versucht den Mechanismus zwangsläufiger Schuldzuweisung zu unterbrechen. Und das ist politisch überlebenswichtig, denn im Zweifel ist die Bundeskanzlerin schuld. In manchen Köpfen ist sie sowieso schon an allem Bösen dieser Welt schuld. Dabei ist ein archaischer Schuldbegriff, der in Kategorien von Sühne und Strafe wertet, für die repräsentative Demokratie westlicher Prägung nicht praktikabel: Wenn diejenigen mit politischer Verantwortung bei jedem Problem automatisch als Schuldige benannt und aus ihren Ämtern entfernt würden, würde sich die Politiker_innenkaste komplett ausdünnen. Es blieben schlicht keine Politiker_innen übrig, die den Job machen könnten oder wollten. Dennoch verlangt die Öffentlichkeit immer nach Schuldigen und drastischen Konsequenzen. Ein Dilemma.

Merkel hat dieses Dilemma in der Vergangenheit national gelöst. Die Austeritätspolitik ist ein ideologisches Ergebnis dieses Lösungsansatzes: Die Bundesregierung unter Merkel rettete die Banken während der Finanzkrise ab 2008. Es flossen unfassbare Mengen Geld in die Kassen reicher und unfähiger Banker. Für die meisten Bürger und Bürgerinnen stand fest: Die Banken sind schuld und werden jetzt belohnt. Merkel wusste selbstverständlich, dass es komplizierter ist, dass die Banken eben integraler Bestandteil der herrschenden Wirtschaftsordnung sind, dass mit den Banken auch die deutschen Sparkonten gerettet werden sollten. Vermitteln ließ sich das nicht. Stattdessen brachte Merkel einen ideologischen Kuhhandel ins Spiel: Schuld an der ganzen Misere sind die Schulden. Genauer gesagt diejenigen, die Schulden machen, genauer gesagt die südlichen EU-Länder, genauer gesagt Griechenland.

Merkel erkaufte sich die Bankenrettung politisch, indem sie komplexe wirtschaftliche Zusammenhänge auf eine einfache Formel reduzierte: Sparen! Dass eine globalisierte Nationalökonomie nicht mit der Haushaltskasse eines schwäbischen Rentnerpaares zu vergleichen ist, tat nichts zur Sache. Die Schuldfrage war geklärt, die Leute beruhigt und Merkel weiter an der Macht. Dass die Austeritätspolitik in der derzeitigen Wirtschaftsordnung eine Katastrophe ist und ihre vermeintliche Wirksamkeit vielfach widerlegt wurde, ist dabei unerheblich. Schuld sind eh die Märkte, die Sachzwänge. Deswegen auch immer wieder dieses Wort: alternativlos. Damit versucht Merkel die Schuldfrage ins Nirgendwo zu schieben. Nein, Schuld hat in diesem System niemand, vermittelt sie uns immer wieder. Schon gar nicht die Bundeskanzlerin.

KINDER

Gäbe es sie, hießen sie Tobias, Jonathan oder Friederike. Aber: »Das hat sich nicht ergeben. Ich hadere mit diesem Schicksal nicht, aber es war auch keine prinzipielle Entscheidung.«[110] So antwortet Angela Merkel 2005 der *Brigitte* auf die Frage, ob sie es bereue, keine Kinder bekommen zu haben.

Es ist bemerkenswert, wie oft thematisiert wird, dass Merkel keine Kinder hat. Vor allem, weil es so nicht ganz richtig ist. Merkel mag zwar keine Kinder geboren haben, ist aber Stiefmutter und sogar Stiefgroßmutter. Ehemann Joachim Sauer hat aus seiner ersten Ehe zwei Söhne, Daniel und Adrian; und Adrian wiederum hat zwei Kinder.[111] Auch einen Patensohn hat Merkel. Zwar ist nicht bekannt, wem das Kind eigentlich gehört und in welcher Beziehung sie zu ihm steht – nur dass es ihn gibt, sagt sie im Interview mit Herlinde Koelbl.[112] Sonst gibt es keine Anzeichen oder Hinweise auf das Patenkind. Gibt man bei Google »Merkel Patenkind« ein, findet man nur Artikel über ihre Patenschaften für einen Seeadler und einen Pinguin. Merkel ist kinderlos. Punkt.

Abgeleitet wird daraus einiges: Sie sei weniger empathisch, weniger gefühlvoll, härter. Die Tatsache, dass Merkel kein Kind geboren hat, gibt Anlass für viel Spekulation und Häme. Auch im politischen Meinungskampf. Zum Beispiel, als der SPD-Abgeordnete und Staatssekretär Michael Roth im Bundestagsplenum rief: »Und was ist mit der Bundeskanzlerin?« Ein CDU-Kollege hatte gerade darauf beharrt, dass die klassische Ehe auf Mann und Frau beschränkt sein solle, wegen der Fortpflanzung.[113]

Dabei handelt es sich hier meist um ein ganz abgedroschenes Klischee über Frauen und vor allem erfolgreiche Frauen. Kindererziehung und die damit verbundene Arbeit gelten immer noch als weibliche Aufgabe. Umgekehrt werden Frauen, die keine Kinder geboren haben, immer argwöhnisch begutachtet. Warum haben sie keine? Was ist da falsch gelaufen?

Selten kommen die Menschen auf die Idee, dass es sich vielleicht wirklich nicht ergeben hat, dass es in manchen Lebensläufen einfach nicht so wichtig war und ist. Oder dass es auch andere Wege gibt, sich für die Nachwelt zu verewigen. Letzteres hat Merkel zweifelsohne schon jetzt erreicht. Vermutlich gerade deshalb, weil sie keine eigenen Kinder hat. Denn Kinder sind bis heute der Hauptgrund für Karriereknicks bei Frauen in Deutschland: Sie kümmern sich hauptsächlich um die Kinder, verdienen im Schnitt 23 Prozent weniger, knapp zwei Drittel der in Teilzeit Beschäftigten sind Frauen.[114] Als wäre das nicht genug, bekommen Frauen, die in erster Linie Haushalts- und Erziehungsarbeit geleistet haben, im Alter kaum Rente, weil sie in eben diesen Jahren nichts in die Rentenversicherung einzahlen konnten. Kurz: Kinder sind für viele Frauen in Deutschland ein Armutsrisiko.

Nein, in Deutschland hätte Merkel mit Kindern wahrscheinlich nicht diese Bilderbuchkarriere hinlegen können. Ironischerweise, nein, tragischerweise führt Merkel nun mit ihrer Partei eine Politik weiter, die Frauen mit Kindern weiterhin in der beruflichen Selbstbestimmung beschränkt. Aber vielleicht hält sie sich damit auch nur weibliche Konkurrenz vom Leib.

IRONIE

Ironie ist die vorherrschende Haltung unserer Zeit. Nahezu alles wird ironisiert. Menschen gucken ironisch Trash-TV, sie blamieren sich voller Wonne auf Bad-Taste-Partys, frönen der Fremdscham, und die Sendungen, in denen talentfreie Leute sich einem gnadenlosen Publikum stellen, sind noch lange nicht vorbei. Leute sind ironisch-depressiv, und die Hipster tragen die Kleidung ihrer Großeltern, hängen sich Hirschgeweihe an die Wand, erwarten die Rückkehr von *Wetten, dass ..?* – und mögen Angela Merkel. Alles ironisch natürlich.

Dahinter steckt die »rhetorische Selbstsuggestion der Überlegenheit, des Über-den-Dingen-Stehens, und mehr noch, ja geradezu vor allem: des Über-den-anderen-Stehens«, wie es der Politologe Walter Reese-Schäfer in einem Essay zum politischen Charakter der Ironie ausdrückt.[115] Ironie ist ein Mittel der Unverbindlichkeit, der Distanzierung, aber auch des Ausschlusses. In der modernen Welt, die bestimmt ist von immer stärkerer Abstraktion und Warenfetischisierung, von gewaltsamer Einebnung der Unterschiede, ist die Ironie das Einzige, was ohne großen Aufwand Distanz und Coolness erzeugt – Ironie ist quasi Notwehr gegen die Umstände, ohne diese ernsthaft infrage zu stellen. Ironie greift vielmehr jede Ernsthaftigkeit, jedes Pathos, jede Hoffnung an, zieht sie ins Lächerliche. So wirken die Engagierten, diejenigen, die sich mit der vermeintlichen Realität nicht abfinden wollen, wie Idioten, wie Träumer. Sie werden von der Ironie verspottet, weil sie die Distanz nicht wahren wollen.

Angela Merkel ist eine Meisterin der Ironie. Immer wieder entwaffnet sie ihre Gegner mit subtiler Ironie. Manchmal wirkt sie geradezu ironisch-aggressiv. »Ironie und subtile Intrige«, nannte SZ-Chefredakteur Kurt Kister diese Art.[116] Merkel ist dabei selten zynisch. Politik und offen zur Schau gestellter Zynismus vertragen sich auch wenig, denn es lässt die Menschen an den gewählten Vertreter_innen zweifeln. Reese-Schäfer spricht sogar von der »aufklärerischen Macht des Zynismus«.[117] Deswegen muss Zynismus vermieden und will Ironie gut dosiert sein. Wenn Merkel zum Beispiel über den Westen redet, spricht sie völlig frei von Ironie über die westlichen Werte und deren Überlegenheit – das unterstreicht ihre Ernsthaftigkeit. Manchmal nutzt Merkel Ironie auch im sokratischen Sinne, stellt sich unwissend, fragt simple Rückfragen und gibt sich fast schon ein wenig kindlich, naiv. So als wäre sie eigentlich nur eine Beobachterin, die sich das politische Schauspiel mit einer gesunden Portion Distanz anguckt: die Ironic Lady. Die Ironie ist dabei eine integrale Zutat ihres politischen Handelns. Humor, Netzwerke und Schweigen sind die anderen. Fehlt eine dieser Zutaten oder wird übermäßig eingesetzt, dann wird alles fahl und unappetitlich. Merkels Rezept ist bisher sehr erfolgreich. Da ist dann auch eine Küchenmetapher angemessen.

HUMOR

Welche Rolle spielt eigentlich Humor in der Politik? Wann ist er angemessen? Wann ist er gefährlich? Ist es nicht generell ungeheuerlich, angesichts der Schwere der Verantwortung als Politiker_in Witze zu machen?

»Das Lachen ist ein Affekt aus der plötzlichen Verwandlung einer gespannten Erwartung in nichts«, beschreibt es Immanuel Kant in der *Kritik der Urteilskraft*.[118] Humor ist also, psychologisch betrachtet, ein Bewältigungsmechanismus: Wenn ich lachen kann, dann ist alles nicht so schlimm.

Selbstverständlich gibt es ewige Debatten darüber, was witzig ist, was nicht. Humor kann nämlich auch Dominanz bedeuten, Machtausübung. Sich über jemanden oder etwas zu amüsieren, kann ein scharfes Schwert im politischen Kampf sein. Wer die Lacher auf seiner Seite hat, hat erst mal gewonnen. Satire beispielsweise ist im politischen Geschehen so ein mächtiges Instrument, dass immer wieder versucht wird, sie zu verbieten.

Bei einem Blick auf Angela Merkel ist die erste Assoziation selten, dass sie eine humorvolle Frau ist. Erst in den letzten Jahren schimmert diese Eigenschaft bei der ewig Unnahbaren durch. Das liegt nicht zuletzt daran, dass sie zunehmend Humor an den Tag legt, der auch deswegen gut ankommt, weil er harmlos und aufrichtig ist. So parodiert sie sich im Rahmen von Hintergrundgesprächen mit Journalist_innen gerne selbst, indem sie beispielsweise davon erzählt, wie sie vom Zeremoniell eines der zahlreichen Staatsakte einfach überfordert war. So erzählen es zumindest Journalist_innen gern. Sie erzählen auch, dass sie dann die Situationen auch wirklich nachspielt.

Einer ihrer Lieblingswitze illustriert das recht hübsch: »Obama, Berlusconi und Sarkozy stehen an einem See. Sagt der Berlusconi: ›Das ist eine Insel, die ist wunderschön, wollen wir da nicht hingehen?‹ Berlusconi läuft also vor übern See. Obama schreitet hinterher. Sarkozy geht los und säuft ab. Sagt der Berlusconi zu Obama: ›Ich glaube, der Sarkozy wusste nicht, wo die Steine liegen.‹ Sagt der Obama: ›Welche Steine?‹«[119]

Mittlerweile kommentiert sie auch nicht (mehr), wenn ein peinliches Foto von ihr die Runde macht und Witze auf ihre Kosten gemacht werden. So wie das Foto, das im Rahmen einer Schiffstaufe im Mai 2015 entstand und Angela Merkel zeigt, wie sie sich unverhohlen einen kompletten Matjes in den Mund hängt. Ihre Augen und ihr Mund sind weit aufgerissen, das blaue Jackett leuchtet. Das Foto wurde innerhalb weniger Stunden zum Internethit – zahlreiche Bildmontagen zeigten beispielsweise, wie Merkel Markus Söder und andere Kolleg_innen und Konkurrent_innen verspeist.

Viele dieser humoristischen Einlagen sind vermutlich nicht geplant, jedoch hat Merkel Humor als Mittel der Politik längst erkannt und zu nutzen gelernt. Denn: Wie könnten Witze von anderen ihre Macht untergraben, ihre Fassade ins Lächerliche ziehen, wenn sie sich selbst am besten zu parodieren weiß? Über sich selbst lachen zu können, ist immer noch der beste Schutz davor, lächerlich gemacht zu werden.

Merkel, die Kanzlerin während des digitalen Wandels, hat die jungen Jahre der Internetwirren ausgezeichnet gemeistert. In ihre Kanzlerinnenschaft fällt das Großwerden sozialer Netzwerke mit den dazugehörigen gesellschaftlichen Konsequenzen. Im Gegensatz zu ihrem Kollegen Stoiber, der mit seiner erratischen Art, Reden zu halten bis heute ein Internethit ist, wurde sie nie herrschaftsgefährdend zum Gespött. Keine der Internetkampagnen gegen sie hat ihre Macht geschwächt.

Im Gegenteil. Sie ist ein fester Bestandteil des Internetuniversums, das sich durch Cartoons, Film-, Literatur- und Kunstreferenzen auszeichnet. Es gibt Fanseiten und unzählige Bilder, Meme, GIFs, es gibt sogar sogenannte Fan-Fiction, also erfundene Geschichten von Fans, in denen Merkel als Heldin Abenteuer zu bestehen hat oder in eine tragische Liebesgeschichte mit ihrem französischen Kollegen Hollande verwickelt ist.[120] In der Internetikonographie hat Merkel einen festen Platz neben Katzen, Hitler und Meister Yoda. Wie eine Superheldin, die sich dem Patriarchat stellt. Im Taumel der Absurdität und des Spaßes wird jedoch schnell vergessen, in welcher Position sie sich befindet. Sie entscheidet über das, was wir als Realität bezeichnen. Und sie entscheidet nicht selten äußerst konservativ und gegen die Belange von Mehrheiten der Bevölkerung.

Deswegen ist Humor auch eine ernsthafte Sache, mehr als ein Ventil im Wahnsinn der spätkapitalistischen Postmoderne, worin alles verwertbar sein muss, marktkonform. Humor ist ein klassisches Instrument der Regierungskritik, ein Mittel, um die Mächtigen in Verlegenheit zu bringen. Bei Angela Merkel klappt das nicht, so scheint es. Das Satiremagazin *Titanic* beißt sich an ihr regelrecht die Zähne aus. Wenn die Redaktion Merkel mal aufs Titelbild bringt, gehören diese Cover zu den schwächeren. In der Vergangenheit griffen die Satiriker dann auf abgedroschene Klischees zurück, bezogen sich auf Merkels Aussehen, machten sich über Schweißflecken lustig oder rissen andere Witze, die eigentlich nur über Frauen gemacht werden. So traurig es ist: Selbst die deutschen Chefsatiriker zerschellen an Merkel.

NETZWERKE

Ohne belastbares Netzwerk kein Erfolg. Das wissen Politiker so gut wie Spinnen.

Die Beschaffenheit eines Netzwerks bleibt unkenntlich, wenn die im Netzwerk Verwobenen nicht bekannt sind, die wichtigen Knotenpunkte, die das Netz zusammenhalten, unbekannt bleiben. Je umfänglicher das Netzwerk, je einflussreicher die Ansprechpartner_innen, desto erfolgreicher ist die eigene Karriere. In einem Netzwerk sind manche Fäden tragend, manche Zufall, andere wiederum Beiwerk oder sogar nur Zierde. Die Organisation eines belastbaren Netzwerks ist eine Herausforderung, die Priorisierung und Hierarchisierung des eigenen Netzwerks eine delikate Angelegenheit. Männernetzwerke organisieren sich klassischerweise über archaische Rituale, das Teilen kompromittierender Informationen, eine Abgrenzung von Frauen und die brüderliche Nachsichtigkeit im Zweifelsfall. Denken wir an Putin und Berlusconi: Das Männernetzwerk um diese Herren ist zu einem Refugium für die letzten Vertreter echter Männernetzwerke geworden.

Angela Merkel nun hat von Anbeginn ihrer politischen Karriere sehr präzise und gründlich Netzwerkanalyse und -pflege betrieben. Die CDU war seit Gründung der Bundesrepublik mächtig und von (Männer-) Netzwerken dominiert. Wenn auch nicht ganz so glamourös wie der internationale Jetset, sondern eher mit dem biederen Charme westdeutscher Provinz. Netzwerke, die sich über Kirchgänge und Stammtische, über Bierzelte und die lokale Industrie finden, über gemeinsame Interessen und Vorurteile. Merkel begriff sehr schnell, wie notwendig es insbesondere für eine Außenseiterin ist, sich diesen verschiedenen Netzwerken anzuschließen, einflussreiche Ansprechpartner_innen zu haben und vor allem Fürsprecher_innen. Sie begann sehr früh, ihr Netz sehr genau zu planen. So freundete sie sich beispielsweise mit Annette Schavan an, einer mächtigen Vertreterin der Katholiken in der CDU. Sie sicherte sich Mecklenburg-Vorpommern als Landesverband, ließ die Pizza-Connection um Peter Altmaier und Norbert Röttgen ins Netz gehen. Sie suchte sich innerhalb der CDU die progressiven Kräfte und band sie an sich. Aber auch in den konservativen Reihen konnte sie erfolgreich Fäden spinnen: Wolfgang Bosbach und die beiden Kauders sind enge Verbündete. Merkel wird nachgesagt, fair zu sein, rational und vernünftig. Sie bindet die Leute nicht zuletzt durch gemeinsam erzielte Erfolge an sich. Beide Seiten sollen profitieren. So schaffte sie es auch, Wolfgang Schäuble wieder einzuwickeln, nachdem es noch 2005 in der Merkel-Biographie von Gerd Langguth hieß, dass das Band zwischen den beiden zerschnitten sei.

Nicht zuletzt spürte sie ihr mächtiges gegnerisches Netzwerk – den Andenpakt – gnadenlos auf und trug ihren Teil zur Zerstörung bei. Als Kanzlerin platziert sie seit ihrer ersten Amtszeit gezielt Vertraute an einflussreichen Positionen. Es wird nicht geschadet haben, dass sie während des Ausstiegs aus der Atomenergie 2011 mit ihrer Vertrauten und ehemaligen Staatsministerin Hildegard Müller an der Spitze der Energielobby (von 2008 bis 2016 Hauptgeschäftsführerin des Bundesverbandes der Energie- und Wasserwirtschaft) zusammenarbeiten konnte.

Merkel setzt generell stark auf Frauen. Ihre Erfahrungen mit einflussreichen Männernetzwerken haben sie gelehrt, dass sie auf ein eigenes Netz setzen muss und dass dieses vor allem aus Frauen bestehen sollte. Denn Frauen sind für Merkel verlässlicher. Die gläserne Decke hat gerade so viele Löcher bekommen, dass Frauen zunehmend vernetzt an die Spitzen gelangen, weil sie einander unterstützen. Während früher nur ein Platz für eine Frau vorgesehen war, sind es mittlerweile zahlreiche. Und Merkel ist eine der Anführerinnen dieser neuen Frauen, die die gläserne Decke einschmelzen wollen. Das beweist das Kabinett unter Merkel.

Ein Höhepunkt in der jüngeren Vergangenheit war, als sich Angela Merkel Ende 2014 bei ihrer SPD-Ministerin Manuela Schwesig öffentlichkeitswirksam für den rüden Ton ihres Vertrauten Volker Kauder entschuldigte.[121] Kauder hatte Schwesig für ihre Hartnäckigkeit beim Thema Frauenquote »weinerlich« genannt. Ungewöhnlich im Sinne innerparteilicher Solidarität, nachvollziehbar im Sinne ihres belastbaren Frauennetzwerks. Merkel setzt auch auf Frauen in ihrem direkten Umfeld. Auf Beate Baumann als ihre Bürochefin seit den frühen neunziger Jahren oder auf Eva Christiansen als ihre Medienberaterin. Christiansen wird auch nachgesagt, sie habe Merkel zu Beginn der zweitausender Jahre zu einer Stylistin geschleift. Auch Friede Springer ist im Netz von Merkel eingewoben. In einem Interview mit dem *Deutschlandfunk* will Springer über das Frauennetzwerk allerdings nicht reden, »kann sein, ja, kann sein. Darüber möchte ich gar nicht so öffentlich sprechen, nein.« Über ihre Beziehung zu Merkel sagt sie: »Ich habe die Bundeskanzlerin kennengelernt, da war sie noch gar keine Bundeskanzlerin, das war lange vorher, wenige Jahre nach der Wende, also viel, viel früher. Und daher stammt die Freundschaft, das Vertrauen zueinander. Aber, dass sie sich irgendwo einmischen würde, nie und nimmer, das ist nicht ihre Art, gar nicht. Das ist auf einer anderen Basis, unsere Freundschaft.«[122]

Netzwerke sind elementare Bestandteile menschlichen Zusammenlebens. Sie sind aber auch ein Instrument des Machterhalts, des Klüngels, des Betrugs und des Hintergehens. Sie sind gefährlich, eben weil sie so elementare Funktion haben. Und während Männernetzwerke zunehmend etwas Anrüchiges haben, sind Frauennetzwerke gerade dabei, ihre volle Macht zu entfalten. Ob sie besser sind, wird sich erst in ein paar Jahren zeigen. Sie sind jedenfalls anders. Wie so vieles, was Merkel anpackt.

SCHWEIGEN

Angela Merkel redet gerne, sie dominiert ebenso gerne Gespräche und ja, manchmal, wenn sie müde ist, dann plappert sie geradezu gegen die Müdigkeit an. Sie unterbricht auch oft in Interviews, lässt immer wieder nicht ausreden, schießt quer, wertet die Fragen ab, redet drumherum und erstaunlich viel, schwatzt regelrecht, faselt und zischt. Wie die Lehrerin, die im Schulzeitungsinterview mit der engagierten Schülerin das Korrigieren nicht lassen kann. *Nein, Frau Will, die Frage macht keinen Sinn, ja, Frau Will, da bin ich aber froh, dass sie sich Gedanken gemacht haben über das Interview, nein, Frau Will, ihre Frage ist nicht sonderlich schlau, aber ich beantworte sie trotzdem …* Zwischendurch, wenn weiter gebohrt wird, gibt es einen eiskalten Blick, und alles ist wieder still. Angela Merkel kann nämlich auch sehr laut und offensiv schweigen. Sie weiß, wann sie zu schweigen hat, wann es unangemessen ist, wann sogar gefährlich. Schweigen, sagt Merkel im Interview mit Will über das Schweigen, bedeute viel für sie – Auszeit, Nachdenken, Vorbereiten, Vertrautheit, Bestrafung, Provokation, Machtwort, Ablehnung, Ignoranz.[123]

Schweigen ist für sie essenziell. Wenn Merkel schweigt, tut sie eigentlich Wichtiges, hat Angst, dass ihr die Leute ansehen, dass und warum sie schweigt, dass sie durchschaubar ist. Ihr Kopf arbeitet, sie konzentriert sich, wie damals im Labor, als sie die Physik betrieb, in Adlershof. Die Politik, so sagt sie, sei eine Herausforderung gewesen, da habe sie plötzlich sehr viel reden müssen und habe das gar nicht mehr gekannt, weil sie in der Physik viel schwieg. Schwieg und dachte. In der Politik wird aber oft zu viel geredet, zu wenig gedacht, zu wenig geschwiegen. Merkel findet das nicht gut, sie will, dass die Leute denken, nachdenken, mitdenken, für sich sind, sie will sie auf die stille Treppe schicken und ihnen eine Schweigeminute verordnen. Ganz die Lehrerin.

Vom nachdenklichen Schweigen zur Diskretion: Diskrete Verschwiegenheit ist Merkel wichtig. Wer stillhalten, Druck aushalten kann, der hat gute Chancen unter Merkel. Ihre Familie ist verschwiegen, ihr Mann, ihre Vergangenheit, ihre Gegenwart. Alle verschwiegen. Funkstille herrscht keineswegs, im Gegenteil, sie hat Freunde und Freundinnen, guten Kontakt zur Familie, ein Patenkind – aber darüber reden? Nein. Das kann warten, bis die großen Biographien kommen, wenn nicht mehr nur das Handtuch auf ihrem Platz in der Geschichte liegt. Bis dahin muss sie Geheimnisse haben, bewahren, beschützen und respektieren. Aber ganz anders als das Ehrenwort von Kohl während der

Spendenaffäre, als er die Spender nicht verraten wollte, die der CDU das Geld gegeben hatten, das Kohl und seine schweigsame Bande unterschlagen hatten. Dieses Schweigen fand sie so unanständig, dass sie ihr Schweigen über die ungeheuerlichen Vorgänge brach, sich nicht der Parteiräson unterwarf, die Schweigen über solche Angelegenheiten verlangt, nein, sie wollte, ja musste den Ruf der CDU retten – irgendwer musste es ja tun. Da hat sie nicht geschwiegen, warum auch, es ging um alles, um die CDU, um die Macht, um sie. Wenn es also drauf ankommt, schweigt Merkel nicht, sondern spricht klar und deutlich, ist unerbittlich und hart, weiß, wen sie wie zu behandeln hat, wie sie die Leute abgesägt bekommt, wie sie verschwinden, wie sie nicht mehr auftauchen. Der Rest ist Schweigen.

FIFTY SHADES OF MERKEL –
MAKING OF

»Über Merkel schreibst du? Wieso?« – Diese Frage
wurde mir immer wieder gestellt, wenn ich von der
Entstehung dieses Buchs erzählte. »Das hat viele
Gründe«, antwortete ich dann. Und tatsächlich. Mit
den Piraten hatte ich einen Ausflug in die Gewässer
der großen Politik gemacht und habe Schiffbruch er-
litten. In der Auseinandersetzung mit Angela Merkel
versuchte ich, so manche meiner Erfahrungen aus
dieser Zeit besser zu verstehen und einzuordnen. Als
Politikwissenschaftlerin reizte mich außerdem her-
auszufinden, was die Frau aus der Uckermark richtig
gemacht hat, um die CDU zu übernehmen und über
so lange Zeit erfolgreich zu führen. Als feministische
Frau interessierte mich die Rolle ihrer Weiblichkeit.
Als Digital Native wiederum wollte ich ihr Verhältnis zum Internet verstehen. Nicht zuletzt bin ich qua
Abschluss Schülerin der Bonner Politikwissenschaft,
die eine gewisse Tradition politikwissenschaftlicher
Abhandlungen über Unionspolitiker_innen hat. Über
Merkel zu schreiben, war die logische Konsequenz.

Ich begann also zu lesen. Ich las die Bücher von Journalist_innen, die sich seit vielen Jahren im politischen Alltag mit Angela Merkel beschäftigen. Die sie persönlich kennen, insbesondere Jacqueline Boysen, Herlinde Koelbl, Dirk Kurbjuweit, Gertrud Höhler, Ralph Bollmann, Stefan Kornelius, Evelyn Roll und Hajo Schumacher. Die umfassende Biographie von Gerd Langguth hat mir außerdem in vielen Belangen die Augen geöffnet. Auf der anderen Seite las ich *Bild*, *Gala*, *Bunte*, *Brigitte* und *Focus*. Auch wenn es auf den ersten Blick ungewöhnlich erscheint: Ich wollte mir ein möglichst vielstimmiges Bild machen, das alle Tonlagen und Kontexte umfasst – und es lohnte sich, die Boulevard-Lektüre war meine beste und vor allem amüsanteste Quelle für ergiebige Merkel-Zitate. Generell sprudelt das Internet regelrecht über vor spannenden Geschichten und Zitaten zu, von und über Merkel.

Es kam also darauf an, sie richtig anzuordnen, sie in Verbindung zu bringen und zu deuten. Geholfen hat mir dabei auch, an die Orte Merkels zu gehen. Nicht nur fuhr ich in die Uckermark, guckte mir die Landschaft, ihre Heimatstadt Templin und ihr Ferienhaus an. Ich besuchte auch ihre Mutter in der VHS Templin, aber das ist eine ganze andere Geschichte. Ich guckte mir ihre alltägliche Umgebung in Berlin an: ihre Wohnung in Mitte und ihren Supermarkt, das Kanzlerinnenamt. Hilfreich war, dass ich selbst eine

Zeit in dem Teil Berlins gewohnt habe, in dem Merkel das Ende der DDR erlebt hat – im Prenzlauer Berg. Ich wohnte an der Bornholmer Straße, dem ehemaligen Grenzübergang, den Merkel damals, am Abend des 9. November 1989 überquerte. Merkels Berlin ist mittlerweile auch ein bisschen mein Berlin. Es gab also sehr viele gute Gründe, über Merkel zu schreiben.

DANK

»Ein Buch zu schreiben ist eine große Herausforderung und eine ebensolche Freude«, schrieb ich 2012 in meiner Danksagung zu *Klick mich. Bekenntnisse einer Internet-Exhibitionistin*, meinem ersten Buch. Es war immer schon mein Traum gewesen, ein Buch zu schreiben, und als ich das Angebot im Frühjahr 2011 bekam, zögerte ich nicht lange. Es endete im Desaster, im Shitstorm und in Demütigung. Dass ich Jahre später trotzdem noch einmal wage, ein Buch zu schreiben, verdanke ich vielen Menschen, die an mich glaubten, als ich es selbst nicht tat. Menschen, die mich geistig herausgefordert und gefördert haben, die mich ermutigt haben. Insbesondere gilt das für meine Agentinnen Elisabeth Ruge und Andrea Hünninger. Aber auch für Herfried Münkler und sein Promotionskolloquium. Auch weil ich mein Projekt zu Merkel vorstellen konnte und sehr hilfreiches Feedback bekommen habe.

Ein großes Danke geht an Hoffmann und Campe, ein Verlag, über den ich nicht glücklicher sein könnte. Großer Dank an Philipp Werner, der den Kern des Projektes von Anfang an gesehen und es unterstützt hat. Aber auch an alle anderen, die an dem Projekt beteiligt sind und die Zusammenarbeit so angenehm haben werden lassen.

Ein Riesendank gilt meinen Freund_innen und meiner Familie, die für mich da waren, mich bestärkt haben, als ich mich selbst aufgeben wollte. Danke an die Menschen, die mich und dieses Buchprojekt immer wieder mit Verständnis und Zuneigung unterstützt haben: Harry, Yvonne, Kamila, Anti, Lotte, Lara, Merle, Stephan, Martin, Olli, Alexander, Dora, Debo, Lada, Ricarda, Fabio, Mina, Ursula, Kia, Elias, Gefion, Levu, Elli, Frieda, Theresa, Linda, Naomi, Johl, Christian, Micha, Gerrit, Simon, Jan, Johannes. Danke Mama, Papa, Laura, Stefan, Gabi und Gonzalo (und die Kleine, die noch nicht geboren ist, während ich das hier schreibe). Dafür, dass ihr da seid und so seid, wie ihr seid. Danke an Tine, Yuki, Guido, Theresia, Burkhard und Lynn. Danke an Steffi. Danke an Sophie – weil du einfach die Geilste bist und bleibst. Danke an Silke und Corinna für Erinnerungen und Konstanten. Danke an all die klugen Menschen, mit denen ich mich täglich digital umgeben darf, die mich zum Lachen und Nachdenken bringen – die Liste würde zu weit führen. Aber ihr wisst, dass ich euch liebe!

Dieses Buch wäre außerdem nie entstanden ohne die phantastische Amadeu Antonio Stiftung, insbesondere Anetta Kahane und das Team von *no-nazi.net*, also Johannes, Jan, Jan, Christina, aber auch Leo und Anna.

Ein Riesendank gilt Florian Werner, der das Projekt begleitet hat und mir mit seinem klugen Kopf geholfen hat, meine Ideen und Gedanken in die Worte zu fassen, in die sie nun gefasst wurden. Danke auch an Sonja und Silvia, mit denen ich eine grandiose Zeit im Schreibkurs der Elisabeth Ruge Agentur hatte und die mir sehr ans Herz gewachsen sind. Danke an die *Jungle World* (vor allem Kika, Nicole und Elke) dafür, dass ich bei euch immer wieder einen Platz für meine Gedanken und meine Merkel-Kolumne finde. Danke an Dirk Heckmann – fürs Mut machen. Danke an Ivo Bozic, Margarete Stokowski, Leo Fischer, Samuel Salzborn, Terry Reintke, Gesine Agena, Carline Mohr, Jenny Rumohr, Jan Korte und Stephan Detjen – für Chancen und Unterstützung. Danke. Bis zum nächsten Buch.

NACHWEISE

1   Hinweis: Immer wenn ich auf geschlechtergerechte Sprache
    verzichte, tue ich das bewusst.
2   Anne Will, 2007: Angela Merkel über das Schweigen, in:
    Süddeutsche Zeitung am Wochenende vom 14. 04. 2007.
3   Vgl. Jacqueline Boysen, 2005: Angela Merkel – eine
    deutsch-deutsche Biographie, München, S. 19 f.
4   Uwe Bahnsen, 2003: 1956 rettete Adenauer den bürgerlichen
    Senat. Abgerufen auf welt.de am 04. 01. 2016: http://www.welt.
    de/print-welt/article257561/1956-retteteAdenauer-den-buerger
    lichen-Senat.html
5   Margaret Heckel, 2008: Was an Angela Merkels Mutter vorbild-
    lich ist. Abgerufen auf Welt.de am 04. 01. 2016: http://www.welt.
    de/politik/article2496274/Was-an-Angela-Merkels-Mutter-vor
    bildlich-ist.html
6   Wiebke Hollersen, 2008: Was sind denn das für Fragen.
    Abgerufen auf berliner-zeitung.de am 04. 01. 2016: http://www.
    berliner-zeitung.de/archiv/die-mutter-der-kanzlerin-hat-
    einen-preis-bekommen-was-sind-denn-das-fuer-fragen,
    10810590,10589136.html
7   Ebd.
8   Vgl. Jacqueline Boysen, 2001, S. 18.
9   *Der Tagesspiegel*, 2008: Kanzlerin-Mum. Abgerufen auf tages-
    spiegel.de am 04. 01. 2016: http://www.tagesspiegel.de/politik/
    deutschland/ortstermin-kanzlerin-mum/1333604.html

10 Herlinde Koelbl, 2002: Spuren der Macht. Die Verwandlung des Menschen durch das Amt, München, S. 48.

11 Nikolaus Blome/Kai Diekmann, 2009: Die Wiedervereinigung ist ein unvorstellbares Glück! Abgerufen auf Bild.de am 04. 01. 2016: http://www.bild.de/politik/2009/spricht-ueber-die-wiedervereinigung-10386592.bild.html

12 Herlinde Koelbl, 2002, S. 49.

13 Stefan Reinbold, 2014: Der Tag, an dem die Ossis kamen. Abgerufen auf augsburger-allgemeine.de am 04. 01. 2016: http://www.augsburger-allgemeine.de/bayern/Der-Tag-an-dem-die-Ossis-kamen-id31928637.html

14 Robin Alexander/Daniel-Dylan Böhmer, 2014: Merkel, Chinas Ministerpräsident und der Supermarkt. Abgerufen auf welt.de am 04. 01. 2016: http://www.welt.de/politik/deutschland/article133154379/Merkel-Chinas-Ministerpraesident-und-der-Supermarkt.html

15 Heinz Drügh, 2013: »We Got a Whole Store« – Zur Ästhetik des Supermarkts, in: POP. Kultur und Kritik 2/2013, S. 109.

16 Rainer Hein, 2007: Der Supermarkt der Polit-Prominenz. Abgerufen auf welt.de am 04. 01. 2016: http://www.welt.de/welt_print/article1070828/Der-Supermarkt-der-Polit-Prominenz.html

17 *Focus*, 2004: Bei Merkels unterm Sofa, *Focus* Magazin, Nr. 28/2004. Abgerufen auf focus.de am 04. 01. 2016: http://www.focus.de/politik/deutschland/deutschland-bei-merkels-unterm-sofa_aid_200325.html

18 *Süddeutsche Zeitung*, 2013: Zehn Dinge, die Sie noch nicht über Angela Merkel wussten. Abgerufen auf sueddeutsche.de am 04. 01. 2016: http://www.sueddeutsche.de/politik/geheimnisse-der-bundeskanzlerin-zehn-dinge-die-sie-noch-nicht-ueber-angela-merkel-wussten-1.1731734-2

19 Barbara Bollwahn, 2005: Der Bruder, der stille Beobachter, in: *taz. die tageszeitung* vom 24. 08. 2005. Abgerufen auf taz.de am 04. 01. 2016: http://www.taz.de/1/archiv/?dig=2005/08/24/a0161

20 Vgl. Wikipedia, die freie Enzyklopädie: Eintrag Kartoffelbefehl. Abgerufen auf wikipedia.org am 04. 01. 2016: https://de.wiki pedia.org/wiki/Kartoffelbefehl

21 Vgl. Wikileaks, Public Library of US Diplomacy: Chancellor Angela »Teflon« Merkel takes limelight as FDP waits in the wings. Abgerufen auf wikileaks.org am 04. 01. 2016: https://wikileaks.org/plusd/cables/09BERLIN1106_a.html

22 Vgl. DLR_Next: Die größten Irrtümer zum Thema Raumfahrt. Abgerufen auf dlr.de am 04. 01. 2016: http://www.dlr.de/next/desktopdefault.aspx/tabid-6671/10940_read-24909/

23 Vgl. Jacqueline Boysen, 2001, S. 53. Boysen zitiert den Bericht in indirekter Rede.

24 Ebd.

25 Ebd., S. 58.

26 *Welt am Sonntag*, 2004: Chronik des Poppers. Abgerufen auf welt.de am 04. 01. 2016: http://www.welt.de/print-wams/article112646/Chronik-des-Poppers.html

27 Herlinde Koelbl, 2002, S. 59.

28 Vgl. Herfried Münkler, 1981: Nur ein Versager?, in: *Die Zeit* Nr. 22/1981. Abgerufen auf zeit.de am 04. 01. 2016: http://www.zeit.de/1981/22/nur-ein-versager/komplettansicht

29 Verena Köttker, 2004: Eines Tages zog sie aus. Abgerufen auf focus.de am 18. 01. 2016: http://www.focus.de/politik/deutsch land/deutschland-eines-tages-zog-sie-aus_aid_200326.html

30 Edward L. Bernays, 1928: Propaganda. Horace Liveright, New York. S. 1. Übersetzung der Autorin. Abgerufen auf archive.org am 04. 01. 2014: http://ia700804.us.archive.org/4/items/Propaganda/PropagandaedwardBernays1928.pdf

31 Philip Plickert/Hanno Beck, 2014: Kanzlerin sucht Verhaltens-forscher. Abgerufen auf faz.net am 04. 01. 2014: http://www.faz.net/aktuell/wirtschaft/wirtschaftspolitik/kanzlerin-angela-merkel-sucht-verhaltensforscher-13118345.html

32 Mail Online, 2006: Putin's rape charge joke was ›translation

problem‹. Abgerufen auf dailymail.co.uk am 04.01.2016:
http://www.dailymail.co.uk/news/article-411710/Putins-rape-
charge-joke-translation-problem.html

33 Stefan Kornelius, 2013: Angela Merkel. Die Kanzlerin und ihre
Welt, Hamburg, S. 65.

34 Herlinde Koelbl, 2002, S. 47.

35 Gertrud Höhler, 2012: Die Patin, Wie Angela Merkel Deutschland umbaut, eBook, Zürich.

36 Vgl. Carl Schmitt, 1932: Der Begriff des Politischen. 3. Auflage
der Ausgabe von 1963, Berlin. Abgerufen auf europa-uni.de
am 04.01.2016: https://www.kuwi.europa-uni.de/de/lehrstuhl/
kg/neuzeit/lehre/lehresose13/c_-schmitt_der-begriff-des-
politischen.pdf

37 Vgl. »Simone«, 2012: Merkel und die Rummelnazis. Abgerufen
auf critiqueaujourdhui.blogsport.de am 04.01.2016: http://
critiqueaujourdhui.blogsport.de/2012/03/05/merkel
und-die-rummelnazis/

38 Vgl. Ralf von Neukirch/Christoph Schult, 2003: Der Männerbund, in: Der Spiegel 27/2003. Abgerufen auf spiegel.de am
04.01.2016: http://www.spiegel.de/spiegel/print/d-27497155.
html

39 Evelyn Roll, 2015: Die stille Königin, in: Plan W Nr. 1/2015.
Abgerufen auf sueddeutsche.de am 04.01.2015: http://www.
sueddeutsche.de/politik/angela-merkel-die-stille-koenigin-
1.2514175

40 Hajo Schumacher, 2005: Alle gegen eine. Abgerufen auf
cicero.de am 02.02.2015: http://www.cicero.de/berliner-
republik/alle-gegen-eine/37182

41 Bunte, 2014: Aus der Sauna in den Westen. Abgerufen auf
bunte.de am 04.01.2016: http://www.bunte.de/politik/angela-
merkel-von-der-sauna-in-den-westen-108928.html

42 Focus, 2013: »Ich habe das Schloss aufgebrochen.« Angela
Merkel outet sich als Hausbesetzerin. Abgerufen auf focus.de
am 04.01.2016: http://www.focus.de/politik/deutschland/

bundestagswahl-2013/ich-habe-das-schloss-aufgebrochen-
angela-merkel-outet-sich-als-hausbesetzerin_aid_1088882.
html

43 *Gala*, 2013: Wohnen wie die Kanzlerin. Abgerufen auf gala.de
am 04. 01. 2016: http://www.gala.de/lifestyle/wohnen-lebens
art/angela-merkel-wohnen-wie-die-kanzlerin_989696.html

44 Jürgen Leinemann, 1994: Ich muß härter werden, in: *Der
Spiegel* 1/1994. Abgerufen auf spiegel.de am 04. 01. 2016: http://
www.spiegel.de/spiegel/print/d-9274342.html

45 Herlinde Koelbl, 2002, S. 49.

46 RP Online, 2015: Die Kanzlerin fährt aus der Haut. Abgerufen
auf rp-online.de am 04. 01. 2016: http://www.rp-online.de/
politik/deutschland/angela-merkel-richtig-sauer-dann-ist-das-
nicht-mein-land-aid-1.5396080

47 Veit Medick, 2012: Wenn die Kanzlerin in Ekstase gerät. Abgerufen auf spiegel.de am 04. 01. 2016: http://www.spiegel.de/
politik/deutschland/kanzlerin-merkel-reist-zum-em-viertel
finale-nach-danzig-a-840350.html

48 Zitiert nach Kim Björn Becker/Michael König, 2014: Merkels
Jungs. Abgerufen auf sueddeutsche.de am 04. 01. 2016: http://
www.sueddeutsche.de/politik/kanzlerin-bei-der-fussball-wm-
merkels-jungs-1.2002926

49 Ebd.

50 Moritz Rinke, 2012: Lieber Basti, Du spielst wie eine Kanzlerin!
Abgerufen auf zeit.de am 04. 01. 2016: http://www.zeit.de/
sport/2012-04/merkel-schweinsteiger-liebesbrief-3

51 Jens König, 2006: Die kontrollierte Offensive, in: *taz. die tageszeitung* vom 23.06. 2006. Abgerufen auf taz.de am 04. 01. 2016.
http://www.taz.de/1/archiv/?dig=2006/06/23/a0164

52 Vgl. Stefan Kornelius, 2013, S. 76 f.

53 Gerd Langguth, 2011: Merkels Vater hatte ein Nicht-Verhältnis
zur CDU. Abgerufen auf welt.de am 04. 01. 2016: http://www.
welt.de/politik/deutschland/article13582803/Merkels-Vater-
hatte-ein-Nicht-Verhaeltnis-zur-CDU.html

54   Andrew Purvis, 2007: Heroes of the Environment. Leaders
     & Visionaries. Angela Merkel. Abgerufen auf time.com am
     04. 01. 2016: http://content.time.com/time/specials/2007/
     article/0,28804,1663317_1663319_1669897,00.html

55   Marc Brost/Tina Hildebrandt, 2013: Merkels Grieche, in
     Die Zeit Nr. 6/2013. Abgerufen auf zeit.de am 04. 01. 2016:
     http://www.zeit.de/2013/06/Interview-Merkels-Lieblingsgrieche

56   *Berliner Morgenpost*, 2011: Angela Merkel eröffnet Aus-
     stellung im Tränenpalast. Abgerufen auf morgenpost.de
     am 04. 01. 2016: http://www.morgenpost.de/kultur/
     article105101405/Angela-Merkel-eroeffnet-Ausstellung-im-
     Traenenpalast.html

57   Vgl. Ralf Dahrendorf, 2006: Versuchungen der Unfreiheit. Die
     Intellektuellen in Zeiten der Prüfung, München.

58   Johann Gottfried Herder, 1769: Kritische Wälder. Abgerufen
     auf zeno.org am 04. 01. 2016: http://www.zeno.org/Lesesaal/
     N/9781494990527?page=302

59   Elisabeth Noelle/Thomas Petersen, 2007: Optimistisch und
     intolerant. Abgerufen auf faz.net am 04. 01. 2016. http://www.
     faz.net/aktuell/politik/zeitgeist-in-deutschland-optimistisch-
     und-intolerant-1411352.html?printPagedArticle=true#page
     Index_2

60   Niels Boeing/Andreas Lebert, 2014: »Tut mir leid, aber das
     sind Tatsachen«, *Zeit* Wissen Nr. 5/2014. Abgerufen auf zeit.
     de am 04. 01. 2016: http://www.zeit.de/zeit-wissen/2014/05/
     byung-chul-han-philosophie-neoliberalismus

61   Angela Merkel, 2003: »Was wir vorhaben, ist ein Befreiungs-
     schlag zur Senkung der Arbeitskosten.« Abgerufen auf zeit.
     de am 04. 01. 2016: http://www.zeit.de/reden/deutsche_innen
     politik/200349_merkelcduparteitag/komplettansicht

62   Nikolaus Blome/Kai Diekmann, 2009: Die Wiedervereinigung
     ist ein unvorstellbares Glück! Abgerufen auf Bild.de am
     04. 01. 2016: http://www.bild.de/politik/2009/spricht-ueber-die-
     wiedervereinigung-10386592.bild.html

63 Ebd.

64 Ebd.

65 Angela Merkel, 2003: »Was wir vorhaben, ist ein Befreiungsschlag zur Senkung der Arbeitskosten.« Abgerufen auf zeit.
de am 04. 01. 2016: http://www.zeit.de/reden/deutsche_innen
politik/200349_merkelcduparteitag/komplettansicht

66 Pro. Christliches Medienmagazin, 2012: Angela Merkel: »Ich
glaube an Gott.« Abgerufen auf pro-medienmagazin.de am
04. 01. 2016: http://www.pro-medienmagazin.de/politik/detail
ansicht/aktuell/angela-merkel-ich-glaube-an-gott-80782/

67 Jacqueline Boysen, 2001, S. 29.

68 *Frankfurter Allgemeine Zeitung*, 22.12.1999.

69 Sylvia Plath, Selected Poems, London 2002, S. 52-54.

70 Zitiert nach Alexander Osang, 2001: Das eiserne Mädchen. Abgerufen auf spiegel.de am 04. 01. 2016: http://www.spiegel.de/
kultur/gesellschaft/alexander-osang-das-eiserne-maedchen-
teil-1-a-143390.html

71 Jochen Gaugele/Claus Christian Malzahn, 2012: »Das Essen war
immer sehr edel«, in: *Welt am Sonntag* Nr. 47/2012. Abgerufen
auf welt.de am 04. 01. 2016: http://www.welt.de/print/wams/
politik/article111241485/Das-Essen-war-immer-sehr-edel.html

72 Vgl. Ursula Kosser, 2012: Hammelsprünge. Sex und Macht in
der deutschen Politik, Köln.

73 Bernhard Giesen, 1999: Kollektive Identität. Die Intellektuellen
und die Nation 2, Frankfurt a. M., S. 183.

74 Roland Friedrich, 2005: Die deutsche Außenpolitik im Kosovo-
Konflikt, Berlin, S. 53.

75 Friedrich Nietzsche, 1881: Morgenröthe. § 365. Abgerufen auf
nietzschesource.org am 04. 01. 2015: http://www.nietzsche-
source.org/#eKGWB/M-365

76 Christoph Schwennicke, 2012: Die Glucke der Nation. Abgerufen auf cicero.de am 04. 01. 2016: http://www.cicero.de/
berliner-republik/die-glucke-der-nation/49827/seite/2

77 Nikolaus Blome, 2013: Die Zauder-Künstlerin, eBook, München.

78 Vgl. *Yedioth Ahronot*, 2015: Interview mit Bundeskanzlerin
Dr. Angela Merkel. Abgerufen auf botschaftisrael.de
am 04. 01. 2016: http://www.botschaftisrael.de/2015/10/02/
interview-mit-bundeskanzlerin-dr-angela-merkel/

79 Vgl. Amadeu Antonio Stiftung, 2015: Antisemitismus in
Deutschland – ein Lagebild. Abgerufen am 18. Januar 2016:
http://www.amadeu-antonio-stiftung.de/aktuelles/anti
semitismus-in-deutschland-ein-lagebild-2015/

80 Vgl. Nils Minkmar, 2015: Tweet. Abgerufen auf twitter.
com am 04. 01. 2016: https://twitter.com/nminkmar/status/
667371654645997569

81 Angela Merkel, 2015: 60 Jahre Gastarbeiter in Deutschland.
Abgerufen auf bundesregierung.de am 04. 01. 2016: http://www.
bundesregierung.de/Content/DE/Rede/2015/12/2015-12-07-
rede-60-jahre-gastarbeiter.html

82 Vgl. Anna-Mareike Krause, 2015: Tweet. Abgerufen auf twitter.
com am 04. 01. 2016: https://twitter.com/mlle_krawall/status/
655347198381674496

83 Carmen Böker, 2005: Wo Angela Merkel ihre Kleider kauft.
Abgerufen auf berliner-zeitung.de am 04. 01. 2016: http://www.
berliner-zeitung.de/archiv/wo-angela-merkel-ihre-
kleider-kauft,10810590,10305406.html#plx1139640546

84 *Abendzeitung München*, 2015: Wiederholt Angela Merkel
ihren Hosenanzug-Fauxpas? Abgerufen auf abendzeitung-
münchen.de am 04. 01. 2016: http://www.abendzeitung-
muenchen.de/inhalt.hofetikette-der-queen-wiederholt-
angela-merkel-ihren-hosenanzug-fauxpas.f6749629-871b-
443e-9948-3e6f38353917.html

85 Vgl. Twitteraccount »Merkels Anzug«. Abgerufen auf twitter.
com am 04. 01. 2016: https://twitter.com/merkelsanzug

86 Spiegel Online, 2008: »Die Bundeskanzlerin ist ein bisschen
erstaunt«. Abgerufen auf spiegel.de am 04. 01. 2016: http://
www.spiegel.de/panorama/leute/dekollete-debatte-die-
bundeskanzlerin-ist-ein-bisschen-erstaunt-a-547239.html

87   Richard Barbrook/Andy Cameron, 1995: The Californian Ideology. Abgerufen auf comune.torino.it am 20. 01. 2016: http://www.comune.torino.it/gioart/big/bigguest/riflessioni/californian_engl.pdf [Übersetzung der Autorin]

88   Sandra Fomferek, 2006: Die Kanzlerin ganz privat. Abgerufen auf welt.de am 20. 01. 2016: http://www.welt.de/politik/article702035/Die-Kanzlerin-ganz-privat.html

89   Wolfgang Pohrt, 1981: Ein Volk, ein Reich, ein Frieden, in: *Die Zeit* 44/1981. Abgerufen auf zeit.de am 20. 01. 2016: http://www.zeit.de/1981/45/ein-volk-ein-reich-ein-frieden/komplettansicht

90   Angela Merkel, 2003: Schroeder doesn't speak for all Germans. Abgerufen am 20. 01. 2016 auf welt.de: http://www.welt.de/print-welt/article411719/Schroeder-Doesnt-Speak-for-All-Germans.html

91   Vgl. Hajo Schumacher, 2007: Machtphysik. Führungsstrategien der CDU-Vorsitzenden Angela Merkel im innerparteilichen Machtgeflecht 2000-2004, Berlin.

92   Anne Will, 2007.

93   Vgl. Ralf von Neukirch/Christoph Schult, 2003: Der Männerbund, in: *Der Spiegel* 27/2003. Abgerufen auf spiegel.de am 04. 01. 2016: http://www.spiegel.de/spiegel/print/d-27497155.html

94   David Mack, 2015: Just Look At How Much Fun Angela Merkel Had Visiting Vladimir Putin In Moscow. Abgerufen auf buzzfeed.com am 04. 01. 2016: http://www.buzzfeed.com/davidmack/just-look-at-how-much-fun-angela-merkel-had-visiting-vladimi#.bb56A24na

95   n-tv, 2013: Merkel lüftet Geheimnis der Raute. Abgerufen auf n-tv.de am 04. 01. 2016: http://www.n-tv.de/politik/Merkel-lueftet-Geheimnis-der-Raute-article10580536.html

96   Ulrich Exner, 2012: Wie Angela Merkel mit ihren Mundwinkeln kämpft. Abgerufen auf welt.de am 04. 01. 2016: http://www.welt.de/politik/wahl/schleswig-holstein-wahl/article106243640/Wie-Angela-Merkel-mit-ihren-Mundwinkeln-kaempft.html

97 Vgl. Béla Balázs, 1924: Der sichtbare Mensch. Abgerufen unter
    nanoaesthetik.de am 04. 01. 2016: http://www.nanoaesthetik.
    de/texte/balazs.pdf
98 B. Z. 2001: Angela Merkels Sehnsucht nach Pflaumenkuchen.
    Abgerufen auf bz-berlin.de am 20. 01. 2016: http://www.bz-
    berlin.de/artikel-archiv/angela-merkels-sehnsucht-nach-
    pflaumenkuchen
99 Ebd.
100 »Den Pflaumenkuchen backe ich sicher nicht zweckfrei,
    sondern meist meinem Mann zuliebe.« Brigitte Huber/
    Andreas Lebert: Ein Gespräch mit Angela Merkel, in:
    Brigitte 18/05. Abgerufen auf brigitte.de am 04. 01. 2016: http://
    www.brigitte.de/frauen/politik/angela-merkel-interview-
    540566/4.html
101 Christoph Dieckmann, 2013: Die Magd der Möglichkeiten, in:
    Die Zeit Nr. 33/2013. Abgerufen auf zeit.de am 04. 01. 2016:
    http://www.zeit.de/2013/33/ralph-bollmann-die-deutsche-
    angela-merkel/komplettansicht
102 Tagesschau.de, 2014: Merkels geheimes Diät-Rezept. Mittler-
    weile ist der Text auf tagesschau.de offline: http://www.tages
    schau.de/schlusslicht/merkel-diaet100.html
103 Vgl. Universallexikon: Genosse. Abgerufen am 20. 01. 2016 auf
    universal_lexikon.deacademic.com: http://universal_lexikon.
    deacademic.com/47074/Genosse
104 Ewald König, 2015: »Mit der CDU will ich nichts zu tun haben«,
    in: Die Zeit Nr. 25/2015. Abgerufen auf zeit.de am 04. 01. 2016:
    http://www.zeit.de/2015/25/angela-merkel-cdu-geschichte
105 Vgl. Impressum auf Bundeskanzlerin.de. Abgerufen auf bun-
    deskanzlerin.de am 04. 06. 2016: http://www.bundeskanzlerin.
    de/Webs/BKin/DE/Service/Impressum/impressum_node.html;
    jsessionid=9C38B9D66D65ABF41375845D96F2B429.s4t1
106 Pressekonferenz mit US-Präsident Barack Obama am 19. Juni
    2013. Zitiert nach https://www.youtube.com/watch?
    v=2n_-lAf8GB4, ab Minute 2:33.

107 Anne Dewitz, 2009: Die geheimen Zeichen der Kanzlerin. Abgerufen auf abendblatt.de am 04. 01. 2016: http://www.abendblatt.de/vermischtes/article107582070/Die-geheimen-Zeichen-der-Kanzlerin.html Eckhard Fuhr, 2012: Was ist das Geheimnis der Merkel-Raute? Abgerufen auf welt.de am 04. 01. 2016: http://www.welt.de/print/die_welt/kultur/article112057489/Was-ist-das-Geheimnis-der-Merkel-Raute.html Die Welt, 2013: In der Raute liegt die Kraft. Abgerufen auf welt.de am 04. 01. 2016: http://www.welt.de/print/die_welt/article119639964/In-der-Raute-liegt-die-Kraft.html

108 Anne Dewitz, 2009.

109 Kate Connolly, 2013: ›Merkel diamond‹ takes centre stage in German election campaign. Abgerufen auf theguardian.com am 04. 01. 2016: http://www.theguardian.com/world/german-elections-blog-2013/2013/sep/03/angela-merkel-diamond-german-election-campaign

110 Brigitte Huber/Andreas Lebert, 2005: Ein Gespräch mit Angela Merkel, in: *Brigitte* 18/05. Abgerufen auf brigitte.de am 04. 01. 2016: http://www.brigitte.de/frauen/politik/angela-merkel-interview-540566/4.html

111 bild.de, 2013: Merkels geheimes Familien-Leben. Abgerufen am 04. 01. 2016: http://www.bild.de/politik/inland/angela-merkel/geheimes-familien-leben-kanzlerin-29813482.bild.html

112 Vgl. Herlinde Koelbl, 2002, S. 50.

113 Matern Boeselager, 2015: Die einzige Situation, in der es ok ist, auf Merkels Kinderlosigkeit hinzuweisen. Abgerufen auf vice.com am 04. 01. 2016: http://www.vice.com/de/read/die-einzige-situation-in-der-es-ok-ist-auf-merkels-kinderlosigkeit-hinzuweisen-463

114 Bundesministerium für Familie, Senioren, Frauen und Jugend: Gender Datenreport. Kommentierter Datenreport zur Gleichstellung von Frauen und Männern in der Bundesrepublik Deutschland. 2. Fassung. Abgerufen unter bmfsfj.de am 04. 01. 2016: http://www.bmfsfj.de/doku/Publikationen/

genderreport/2-Erwerbstaetigkeit-arbeitsmarktintegration-
von-frauen-und-maennern/2-7-Erwerbstaetigkeit-in-atypischen-
beschaeftigungsverhaeltnissen/2-7-1-teilzeitarbeit.html. Der
ganze Bericht ist online abrufbar: http://www.bmfsfj.de/doku/
Publikationen/genderreport/0-einleitung.html

115 Walter Reese-Schäfer, 2003: Die Tücke der Ironie und die
Ehrlichkeit des Zynismus, in: Die Ironie der Politik. Über die
Konstruktion politischer Wirklichkeiten, hrsg. v. Thorsten
Bonacker u. a., Frankfurt a. M., S. 123.

116 Kurt Kister, 2010: Ironie und subtile Intrige. Abgerufen am
21. 01. 2016 auf sz.de: http://www.sueddeutsche.de/politik/
angela-merkels-fuehrungsstil-ironie-und-subtile-intrige-1.
79481

117 Walter Reese-Schäfer, 2003, S. 135.

118 Immanuel Kant, 1790: Kritik der Urteilskraft. Kapitel 64.
Abgerufen unter gutenberg.spiegel.de am 04. 01. 2016: http://
gutenberg.spiegel.de/buch/kritik-der-urteilskraft3507/64

119 Andreas Hoidn-Borchers, 2014: 60 überraschende Fakten über
Angela Merkel. Abgerufen auf stern.de am 04. 01. 2016: http://
www.stern.de/politik/deutschland/happy-birthday--kanz
lerin--60-ueberraschende-fakten-ueber-angela-merkel-
3943640.html

120 »JeanValJean DeLaForet«, 2015: François Hollande et Angela
Merkel, la passion cachée. Abgerufen auf fanfiction.net
am 04. 01. 2016: https://www.fanfiction.net/s/11583455/1/
Fran%C3%A7ois-Hollande-et-Angela-Merkel-la-passion-
cach%C3%A9e

121 Spiegel Online: Merkel entschuldigt sich für Kauders Macho-
Spruch. Abgerufen auf spiegel.de am 04. 01. 2016: http://www.
spiegel.de/politik/deutschland/angela-merkel-entschuldigt-
sich-bei-manuela-schwesig-fuer-volker-kauder-a-1005762.
html

122 Stephan Detjen, 2015: »Ich würde nie einen Artikel in unseren
Zeitungen kritisieren.« Abgerufen unter deutschlandfunk.de

am 04. 01. 2016: http://www.deutschlandfunk.de/friede-
springer-ich-wuerde-nie-einen-artikel-in-unseren.1295.de.
html?dram:article_id=331710

123 Anne Will, 2007.